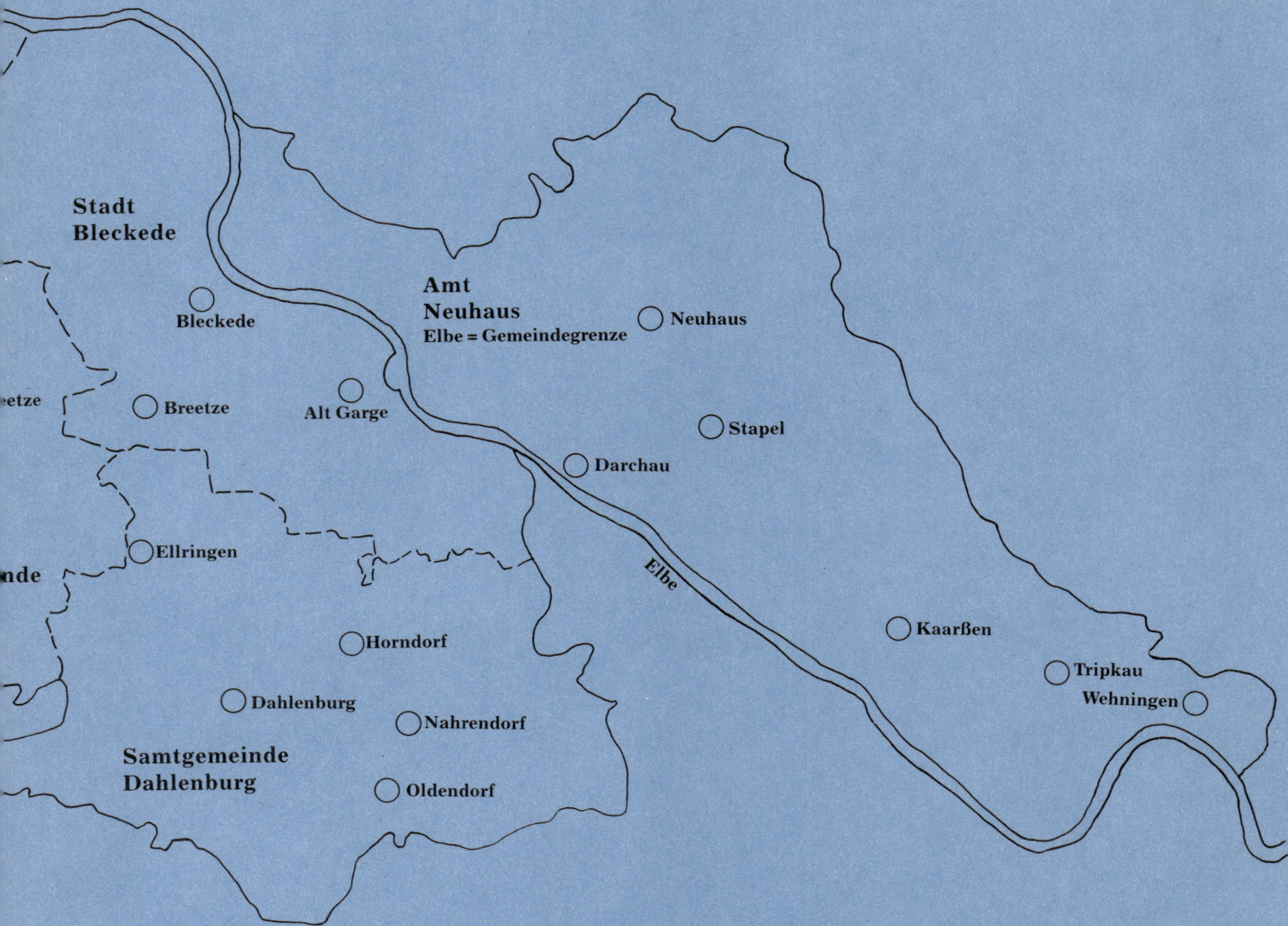

Stadt Bleckede

Bleckede

Amt Neuhaus
Elbe = Gemeindegrenze

Neuhaus

Breetze

Breetze

Alt Garge

Stapel

Darchau

Ellringen

Elbe

nde

Horndorf

Kaarßen

Tripkau

Dahlenburg

Wehningen

Nahrendorf

Samtgemeinde Dahlenburg

Oldendorf

Paul Mahrt · Irmtraut Prien · Werner Preuß

Lüneburg

Stadt und Land zwischen Elbe und Heide

Husum

Umschlagbilder: Lüneburgs alter Hafen (vorne), Landschaft bei Ellringen (hinten)

Frontispiz: Altarbild aus der St. Nikolai-Kirche mit einer der ältesten Stadtansichten von Lüneburg

Die Deutsche Bibliothek – CIP-Einheitsaufnahme

Lüneburg : Stadt und Land zwischen Elbe und Heide / Paul
Mahrt ; Irmtraut Prien ; Werner Preuss. – Husum : Husum,
1995
    ISBN 3-88042-736-4
NE: Mahrt, Paul; Prien, Irmtraut; Preuss, Werner

© 1995 by Husum Druck- und Verlagsgesellschaft mbH u. Co. KG, Husum
Satz: Fotosatz Husum GmbH
Lithos: Lithotec Oltmanns
Druck und Verarbeitung: Husum Druck- und Verlagsgesellschaft
ISBN 3-88042-736-4

Vorwort

Lüneburg, die alte Hanse- und junge Universitätsstadt, liegt in eine abwechslungsreiche Landschaft eingebettet: im Westen und Südwesten von Heide umgeben, im Südosten vom Göhrdewald, im Nordosten und Norden von Elbtalaue und Elbmarsch. Viele gut erhaltene und restaurierte Patrizier- und Bürgerhäuser aus Gotik, Renaissance und Barock verleihen der Stadt ihr Gepräge. Ein vielseitiges kulturelles Angebot macht sie lebendig und attraktiv. Zehn Landgemeinden haben sich mit ihr zum Landkreis Lüneburg zusammengeschlossen, darunter das alte niedersächsische „Amt Neuhaus" auf dem rechten Elbufer, das jahrzehntelang zu Mecklenburg gehörte und als einziges Gebiet der ehemaligen DDR an ein altes Bundesland rückgegliedert wurde. Aus der Zonenrandlage ist der „grenzüberschreitende" Landkreis Lüneburg in die Mitte des wiedervereinigten Deutschlands gerückt.

Mit diesem repräsentativen Band erscheint erstmals ein umfangreiches und farbiges Porträt der Stadt und des Landkreises Lüneburg, in dem jede Mitgliedsgemeinde berücksichtigt ist. Mit besonderem Sinn für kunstvolle Details führt Paul Mahrt durch die Straßen der sehenswerten Altstadt. Irmtraut Prien widmet sich dem landschaftlichen Reiz der Marschen, Dörfer und Wälder des Landkreises und faßt die vielfältigen Anziehungspunkte, Feste, Kunst- und Kulturangebote ins Bild. Als einmalige Flußauenlandschaft steht die weite Elbtalaue links und rechts des Stroms unter Naturschutz. Man erfährt etwas über das Heideblütenfest in Amelinghausen, den Erntedankumzug in Bardowick, die Alte Handwerkerstraße in Lüneburg, die jährlich Tausende von Besuchern anziehen. Auf schöne alte Bauernhäuser, Dorfkirchen und viele interessante Punkte möchte dieses Bildporträt aufmerksam machen.

Werner Preuß

Stadt Lüneburg

In der Nacht zum Pfingstsonntag, dem 22. Mai 1831, traf der dänische Märchendichter Hans Christian Andersen in Lüneburg ein. Er befand sich auf einer Reise mit der Postkutsche in den Harz und in die Sächsische Schweiz. „Die Reisenden hatten sich darüber amüsiert, daß ich die erste Heide eine ‚Probe-Heide‘ genannt hatte. – Lüneburg ist die älteste Stadt, die ich bisher gesehen habe. Alle Häuser sahen wie alte Kirchen aus, große Dielen und zickzackförmige Giebel. Wir aßen zum Abend im Gasthaus ‚Zur Hoffnung‘. Der Kirchturm, alles, versetzte mich mehrere Jahrhunderte zurück. Der Wächter hatte eine Ratsche, mit der er rasselte. Es war schöner Mondenschein. Bei einer Poststation im Walde auf der Heide hörten wir eine ewige Peitsche knallen, das kam von den Bauern, die wegen des Pfingsttages am nächsten Morgen knallten. – Bei Sonnenaufgang wurde unser Wagen mit grünen Zweigen geschmückt", schrieb der Dichter in sein Tagebuch.

Obwohl das Ödland, das im 19. Jahrhundert noch als weite Heidefläche bis vor die Tore Lüneburgs reichte, heute in der näheren Umgebung der Stadt aufgeforstet worden ist und landwirtschaftlich genutzt wird, ist die „Heide" doch das Erste geblieben, woran Auswärtige beim Namen „Lüneburg" denken. Am zweithäufigsten wird mit Lüneburg die Vorstellung einer guterhaltenen und restaurierten Hansestadt verbunden. Heide wie aus dem Bilderbuch mit Wegen von feinem weißen Sand, Wacholdergruppen, Birken, Schafherden und Bienenstöcken kann man südwestlich von Lüneburg rund um den Wilsederberg durchwandern oder mit Kutschwagen befahren. Denn Autoverkehr ist innerhalb des sich über 230 km²

erstreckenden Naturschutzparks nicht gestattet. Im Landkreis Lüneburg findet man idyllische „Probeheiden": bei Amelinghausen die rund 40 Hektar umfassende Rehrhof-Heide an der Bundesstraße 209 und das etwa 10 Hektar weite „Marxener Paradies am Myrbocksberg" bei Marxen sowie kleine Heideflächen westlich von Oldendorf an der Luhe und nördlich von Soderstorf. Alle diese Heideflächen sind Überbleibsel der großen „Lüneburger Wüste", wie Heinrich Heine sie einst genannt hat. Streng genommen darf man bei der Heide mit ihrem herben Charme nicht von Naturlandschaft sprechen. Denn entstanden ist sie als Folge des rücksichtslosen Kahlschlags der Wälder bei Lüneburg im Mittelalter, um den damals größten Industriebetrieb Europas mit Brennholz zu beliefern: die unersättliche und unerschöpfliche, im Jahr 956 erstmals beurkundete Saline. Ihr hatte Lüneburg seine wichtige Stellung in der Hanse, seinen Reichtum und seine großen, wie „alte Kirchen" wirkenden Patrizierhäuser zu verdanken. Mehrtägige Postkutschenfahrten in biedermeierlichen Kostümen mit Übernachtungen in den alten Ausspannstationen werden von

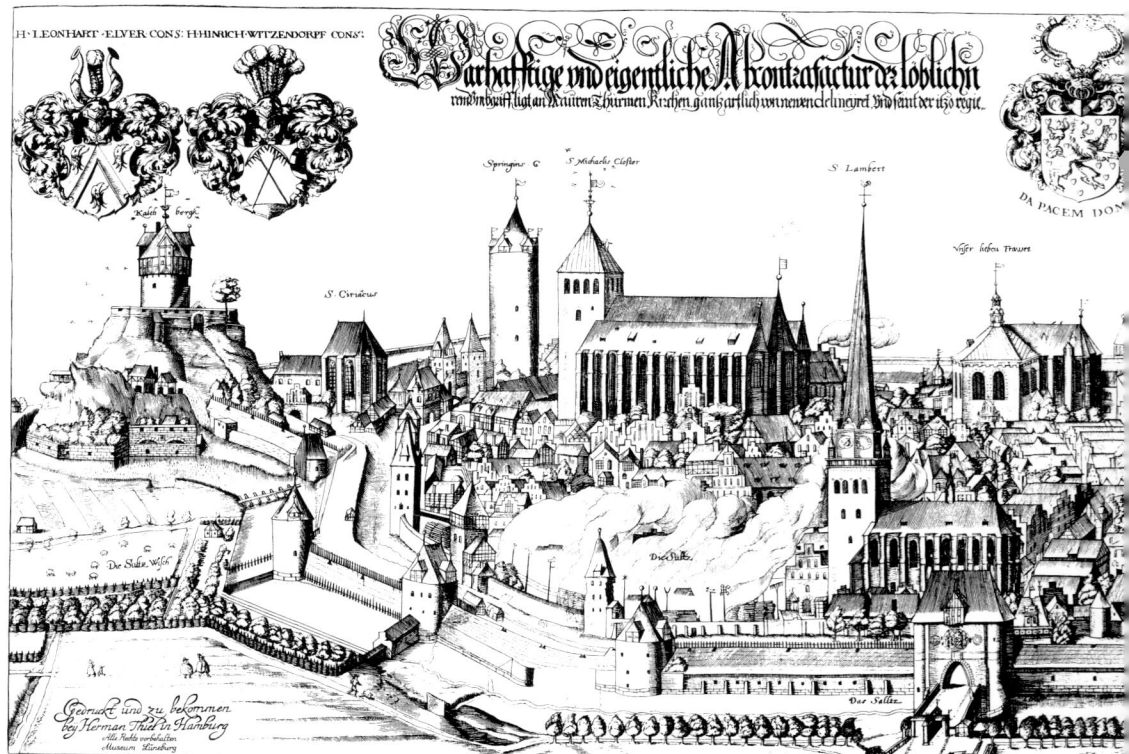

„Warhaftige und eigentliche Abcontrafactur der löblichn Stadt Lüneburg", Kupferstich von Daniel Freese, 1611

einem dafür gegründeten Verein und dem Arbeitskreis Lüneburger Altstadt veranstaltet. Das Ambiente soll die Gäste zurückversetzen in die Zeiten Hans Christian Andersens.

Als eine der größten Attraktionen Lüneburgs zieht das „Deutsche Salzmuseum" jährlich etwa 60 000 Besucher an. Als Entree dient ein ausrangierter Güterwagen, der letzte Zeuge einer Industriebahn, deren Gleise bis ans Lager der 1980 nach über 1000 Jahren geschlossenen Saline führten. Durch ihn hindurch betritt man das „Industriedenkmal Saline", das, gar nicht „museal", informativ, bunt und abwechslungsreich Sehens- und Wissenswertes rund um das Salz präsentiert. Es ist ein Museum zum Sehen, Riechen, Fühlen, Schmecken und zum „Begreifen". Bis in die Neuzeit hinein war Salz für die Vorratshaltung unentbehrlich. Die aus Lüneburgs Untergrund geförderte Sole lieferte nach dem Verdampfen in bleiernen Pfannen ein besonders feines und begehrtes Kochsalz, das „weiße Gold" der Hansestadt. Man erfährt im „Deutschen Salzmuseum" aber nicht nur etwas über die Sozialgeschichte Lüneburgs, sondern auch in welchem Ansehen Salz bei andern Völkern der Erde steht und zu wie vielen unterschiedlichen Produkten es als unentbehrlicher Bestandteil verwendet wird. 1991 erhielt das „Deutsche Salzmuseum" den Museumspreis des Europarates in Straßburg.

Auch Kurzentrum und Salztherme Lüneburg (SaLü) lassen die Geschichte des Lüneburger Salzes bis in die Gegenwart fortdauern. Die im Kurzentrum zur Heilbehandlung angewandte Sole enthält 231 Gramm Salz je Liter sowie Spuren von Brom, Jod, Bor und Eisen. Solewellenbad, Whirlpool, ganzjährig offenes Außenschwimmbecken mit Gegenstromanlage, Fitneßraum und Saunen, Riesenrutsche und stark salzhaltiges Solebewegungsbad bilden die „Badelandschaft" des SaLü, in der auch für Speis und Trank gesorgt wird. Ein Nebeneingang führt in ein zusätzliches Hallenbad mit Sprungtürmen. Das Kurzentrum ist vom Kurpark umgeben, der zum Spazierengehen einlädt. Den Spaziergang kann man zu ein- oder zweistündigen Wanderungen durch die Ilmenauniederung, Lüneburgs abwechslungsreichste und schönste Landschaft, ausdehnen, wenn man vom südlichen Ende des Kurparks unter der Berliner Straße in die Bockelsbergsanlagen hinüberwechselt: Hügel, Wald, kleine Seen, Felder, der „Schlangenlauf" der Ilmenau, kleine Holzbrücken und die geschwungene Teufelsbrücke, auf der die Liebespaare innehalten und träumend ins Wasser und in die Ferne blicken. Schließlich erreicht man die „Rote Schleuse", eines der letzten früher so beliebten Ausflugslokale rund um die Stadt. Beim gegenüberliegenden gepflegten Campingplatz kann man Boote leihen, um den Ausflug auf dem Wasser fortzusetzen. Bootspartien zur Roten Schleuse oder längere Fahrten mit Ausflugsschiffen durch die Marsch stromabwärts werden in der Stadt angeboten.

Auch im inneren Bereich Lüneburgs laden Grünanlagen zum Verweilen ein. Die schönste unter ihnen, der Liebesgrund, liegt fünf Fußminuten vom Marktplatz entfernt unterhalb des Bardowicker Walles, einer baumbestandenen Allee auf einem Rest der alten Stadtbefestigung. Von der Bastion herab verlaufen im Winter Lüneburgs beliebteste Rodelbahnen. Einen herrlichen Rundblick genießt man vom Kalkberg herab, dem verwitterten und wildromantischen Rest eines stolzen Burgberges.

„Marktplatz in Lüneburg 1762"

Er besteht aus Gipsgestein, der durch die Jahrhunderte im Raubbau zur Baustoffgewinnung abgetragen worden ist. Zu seinen Füßen erstreckt sich Lüneburgs westliche Altstadt rund um die St. Michaelis-Kirche. Die wuchtige, dreischiffige Hallenkirche aus den Jahren 1376 bis 1418 trägt eine schwungvolle barocke Turmhaube. Ihre harmonisch gegliederte, mit einem sanft gewölbten Baldachin bedachte Kanzel aus Sandstein entstammt dem 17. Jahrhundert. Sie erhebt sich über eine fast lebensgroße Gestalt des Apostels Paulus und ist mit vielen fein und lebensvoll gearbeiteten figürlichen Reliefs verziert. Eine der Säulenreihen im Innern fällt merklich aus dem Lot. Denn Lüneburgs Untergrund senkt sich auf einer Fläche von etwa einem Quadratkilometer durch die Auswaschung der Salzstöcke, ein Prozeß, der sich nach der Schließung der Saline verlangsamt hat. Die Michaelis-Kirche steht auf einer Abbruchkante. Leider hat darunter auch die Akustik des Gotteshauses etwas gelitten. In ihrem Chor hatte Johann Sebastian Bach als „armer Leute Kind und guter Discantist" von April 1700 bis August 1702 gesungen und musiziert. Der Kirchplatz heißt heute Johann-Sebastian-Bach-Platz. Die seit 1978 alljährlich veranstaltete Lüneburger Bachwoche ist vor allem seinen Werken gewidmet. Hochrangige Interpreten führen sie in den Kirchen und historischen Räumlichkeiten der Stadt auf.

Musik spielt im kulturellen Leben Lüneburgs eine große Rolle. Als einzige Stadt in Niedersachsen wird sie ins Schleswig-Holstein-Musikfestival-Programm miteinbezogen. Orgelkonzerte, Kirchenmusik, Oratorien, Reihen von Orchester-, Kammerkonzerten und Klavierabenden, alte und avantgardistische Musik werden vor allem im Winterhalbjahr dargeboten. Erweitert wird das Programm durch die Adendorfer Serenade, eine Reihe mit jungen Interpreten, den „Bleckeder Frühling" und Konzerte in der Gutskapelle Barnstedt. Im Abstand von zwei Jahren finden auf dem Lüneburger Flugplatzgelände im Industriegebiet Hafen Open-Air-Konzerte statt, bei denen schon Rockstars wie Prince, Rod Stewart, Tina Turner, Joe Cocker oder Chris de Burgh aufgetreten sind. Gospel, Jazz, lateinamerikanische und afrikanische Musik sind in Lüneburg ebenso zu erleben wie Flamenco oder Chanson. Sie stehen auf dem Programm des Kulturforums Wienebüttel, das anspruchsvolle Unterhaltung, Kabarett und experimentelle Kunst aller Sparten zu bieten hat.

Jährlich besuchen etwa 10 000 Zuschauer die Vorstellungen des Lüneburger Theaters: Opern, Operetten, vor allem Musicals, Ballett und Sprechtheater. Studiobühne und sommerliche Freilichtaufführungen im historischen und freundlichen Rahmen des Klosterhofs bei der Ratsbücherei ergänzen das Programm des großen Hauses.

Vergangenheit und Gegenwart treffen sich im Lüneburger Heinrich-Heine-Haus am Ochsenmarkt. Hier lebten in den Jahren 1822 bis 1826 die Eltern des Dichters, der aus seinen Studienorten machmal monatelang zu ihnen in den Schoß der Familie heimkehrte. Im geruhsamen Lüneburg entstanden viele der Gedichte, die er unter dem Titel „Heimkehr" in das „Buch der Lieder" aufnahm, so auch das berühmte „Ich weiß nicht, was soll es bedeuten". Das Heinrich-Heine-Haus ist um 1565 für die Patrizierfamilie Witzendorff errichtet worden und diente wohl der Repräsentation. Die Wohnräume lagen im Nebengebäude, heute Volksbank. Während umfangreicher Renovierungsarbeiten in den Jahren 1986 bis 1993 legten Restauratoren guterhaltene Wand- und Deckenbemalungen aus dem 16. bis 19. Jahrhundert frei. Heute dient das Haus vielfältigen kulturellen Zwecken: als Ausstellungsraum, Konzert- und Vortragssaal und als Heimstätte mehrerer Vereine zur Förderung von Kunst und Kultur. Während der zahlreichen Veranstaltungen kann man die herrlichen Räume des Obergeschosses, in dem sich auch die Heinesche Wohnung befand, besichtigen. Das Haus atmet keine museale, sondern eine helle und heitere Atmosphäre. Der frühbarocke Tanzsaal im Erdgeschoß dient dem Lüneburger Standesamt als festliches Trauzimmer und würdiger Rahmen für das gegebene Jawort. Ganz besonders ist das Heinrich-Heine-Haus der Literatur der Gegenwart gewidmet. Zahlreiche bekannte und zahlreiche junge Autoren aus ganz Europa sind schon zu Lesungen hierher gekommen. In einem Anbau steht Literaturstipendiaten des Landes Niedersachsen und der Stadt Lüneburg eine kleine Wohnung zur Verfügung.

Dem Heinrich-Heine-Haus, der alten Residenz von Ratsherren und Bürgermeistern, liegt eines der schönsten Rathäuser Deutschlands gegenüber. Älteste Teile stammen aus dem 13. Jahrhundert, die Barockfassade wurde 1720 vollendet. Sie blickt herab auf den gepflasterten Marktplatz mit dem Luna-Brunnen, der heute den geographischen Mittelpunkt Lüneburgs markiert. Die Gerichtslaube aus der Zeit um 1330, die von einem bemalten Tonnengewölbe und den prächtigen Glasmalereien in ein angenehmes und beruhigendes Licht getaucht wird; die große Ratsstube, die von zwei Bildschnitzern, Albert von Soest und Gert Suttmeier, in achtzehn Jahren, von 1566 bis 1584, in ein grandioses und wundervolles Gehäuse für Figuren ohne Zahl verwandelt worden ist; das Gewandhaus mit den Nachbildungen des Ratssilbers; der weite Fürstensaal mit den eigentümlichen Geweihleuchtern von 1480/90, der als ein-

Lüneburg, Am Sande, Illustration zu: Von dem Machandelboom, von Otto Ubbelohde, 1907

stiger Tanzsaal des Rates heute noch Kammerkonzerten einen würdigen Rahmen verleiht; sie alle und viele andere sehenswerte Räume und Schätze des verschachtelten Rathauskomplexes laden zum Besichtigen und Bestaunen ein. Vom Rathausturm erklingt seit der 1000-Jahrfeier 1956 ein Glockenspiel aus Meißener Porzellan mit Weisen des Lüneburger Komponisten Johann Abraham Peter Schulz (1747–1800), zum Beispiel die bekannte Melodie zu dem Lied „Der Mond ist aufgegangen" von Matthias Claudius. Sehenswert ist der bunte und üppige Wochenmarkt am Mittwoch und Sonnabend, der den ganzen Platz vor und neben dem Rathaus einnimmt.

Erholung vom Einkaufstrubel findet man in der nahegelegenen St. Nikolai-Kirche, in der sonnabends ab 11 Uhr Musik zur Marktzeit erklingt. Sie ist die jüngste und kleinste der drei noch erhaltenen gotischen Kirchen im Stadtzentrum. Mit der Errichtung der dreischiffigen Basilika war 1407 begonnen worden. Ihr neugotisches Äußeres verhüllt, daß sie im Innern auch die schönste

und heilsgeschichtliche Bedeutung des Passionsgeschehens bildlich zu fassen. Ein Riß teilt das Ordnungsgefüge auf dem Bild, das das Kapitel der Gefangennahme Jesu im Garten Gethsemane frei bearbeitet, es rinnt und spritzt die rotbraune Farbe des Blutes. Auf dem rechten Fenster, das sich mit abstrakten Formen der Kreuzigungsgeschichte nähert, sieht man einen breiteren Riß und das Gefüge der alten Ordnung weitgehend ausgelöscht. Etwas von

ist. „Der Innenraum wird vom Mittelschiff eindeutig beherrscht, das über doppelt so hoch ist als die Seitenschiffe und höher als die Gesamtlänge des Langhauses", schreibt der Kunsthistoriker Fritz von Osterhausen in einem kleinen Führer. „Überspannt ist das Mittelschiff mit einem achtzackigen Sterngewölbe, auch dieses einmalig und ohne Vorbild in Lüneburg."

Zahlreiche Kirchenkunstwerke zieren das einstige Gotteshaus der Schiffer, darunter die prächtigen, märchenhaften und ausdrucksstarken Gemälde Hans Bornemanns auf den Altartafeln der längst abgebrochenen St. Lamberti-Kirche (um 1456/58) und der Kirche des Klosters Heiligenthal (1444/47) mit den drei ältesten Stadtansichten Lüneburgs. Jedes der Bilder erzählt eine hochdramatische Geschichte. Wie spielend verschließen kunstvoll geschmiedete Gitter aus dem 16. Jahrhundert Chorumgang und Treppen. Auch sie stammen aus der verschwundenen St. Lamberti-Kirche. Als besonders gelungene Beispiele religiöser Kunst der Gegenwart kann man im Chorumgang die hohen, zurückhaltend und abstrakt gehaltenen Fenster betrachten, die Johannes Schreiter 1987 angefertigt hat. Sie versuchen die welt-

dem vergossenen Blut aber scheint sich in einem noch ungefügten Haufen von Bausteinen gesammelt zu haben.

Wer aus der St. Nicolai-Kirche wieder ins Freie tritt und die Lünertorstraße hinabspaziert, gelangt ins Wasserviertel am alten Hafen. Rund um den „Stintmarkt" zieht sich hier Lüneburgs Amüsiermeile hin. Dicht an dicht drängen sich Gaststätten, Lokale, Kneipen, Billard- und Dart-Cafés in den alten Backsteinhäusern. Nur die Rotlichtetablissements sind hier nicht anzutreffen, sondern haben sich in unauffälligen kleinen Häusern nahe den Sülzwiesen eingerichtet. An Sommerabenden quillt das Wasserviertel von Besuchern über, die an Tischen sitzend und stehend die Straßen bevölkern. Das jährlich ausgerichtete Stintmarktfest erstreckt sich über ein langes Wochenende. 1993 kamen sage und schreibe 12 000 Gäste in die Lokale, zu den Musikveranstaltungen und Kleinkunstspektakeln. Selbst größere Universitätsstädte haben ein vergleichbares „Szene-Viertel" nicht zu bieten. Eine Sperrstunde spürt man in Lüneburg nicht.

Rund 30 000 Besucher aus ganz Europa lockt jährlich die „Alte Handwerkerstraße" in die engen Gassen der westlichen Altstadt unterhalb der St. Michaelis-Kirche.

Wie es in früheren Jahrhunderten üblich war, bieten etwa 300 mitwirkende Handwerker und Verkäufer ihre Produkte in kleinen hölzernen Buden und Verschlägen vor den Häusern feil. Sie alle sind in Kostüme des 16. Jahrhunderts gewandet wie die Trommler, Pfeifer und Bettler, die den Markt mit kleinen Szenen und Darbietungen noch beleben. Rinder, Schweine, Schafe und Geflügel alter Rassen erregen nicht allein die Neugier der Kinder. Als winterliches Gegenstück inszeniert der Arbeitskreis Lüneburger Altstadt (ALA) seit 1984 am ersten Wochenende im Dezember einen etwas stilleren Weihnachtsmarkt mit Glühweindurft, Filzhandschuhen und -pantoffeln. Stadtwachen mit Hellebarden halten die Besucher an den Straßeneingängen an, um von ihnen eine Spende, einen „Wegezoll" zu fordern, der der Arbeit des Arbeitskreises Lüneburger Altstadt zugute kommt.

Die Neubaueuphorie der Nachkriegsjahrzehnte hat die unzerstörte Lüneburger Altstadt sehr gefährdet und mehr als 500 Wohnungen vernichtet. Schon ab 2000 DM waren Anfang der 70er Jahre Häuser auf Abriß zu erwerben. Der Aufklärung über diesen unersetzlichen Verlust und der tatkräftigen Renovierungsarbeit des ALA ist es zu verdanken, daß bis heute 150 Gebäude so schonend wie möglich unter Verwendung originaler und alter Materialien instandgesetzt worden sind. Einige der Häuser werden von ihren Besitzern während der „Alten Handwerkerstraße" für Besucher geöffnet. Man kann eintreten in die hohen, zweigeschossigen Dielen, die Hans Christian Andersen die Lüne-

burger Bürgerhäuser wie kleine Kirchen anmuten ließen.

Lüneburgs Innenstadt ist in einem Areal von 450 Metern Länge und Breite autofrei. Ringsherum stehen 3000 Parkplätze für Besucher zur Verfügung, von denen man im weitesten Fall etwa sechs Minuten zur Innenstadt unterwegs ist. Ein Parkleitsystem leitet zu freien Plätzen hin. Nur wenige Städte in Deutschland haben die autofreie Zone so konsequent installiert. Dadurch soll die Luft verbessert und ein unbeschwertes Bummeln ermöglicht werden. Durch Einebnung der Bürgersteige und eine ansprechende Pflasterung haben die Straßen sehr an optischer Breite gewonnen. Fast alle sind für den Fahrradverkehr freigegeben.

Lüneburg hat ein urbanes Gepräge. Im Schatten der altertümlichen, aber nicht verfallenen, sondern beinahe durchweg renovierten Patrizierhäuser empfindet man sowohl etwas von hanseatischer Weltzugewandtheit als auch von einstiger Geborgenheit im Kreis der Mauern. Als überschaubarer, aber nicht zu enger Studienort ist Lüneburg unter Studenten beliebt. Die Fachhochschule

Lüneburg, Neue Straße, Lithographie von Hugo Friedrich Hartmann, 1909

himmlische Jerusalem. Wie von der „Stadt Gottes" im letzten Buch der Bibel, der „Offenbarung St. Johannis" geschrieben steht, ist auch der Grundriß der St. Johannis-Kirche quadratisch. „So wird die gebaute Kirche des Mittelalters auch ein gestaltetes Gleichnis für diese ‚Stadt Gottes': Der Eingang zu St. Johannis wird zu einem ‚Stadttor', in dem die Wege der Menschen enden werden." In dieser Stadt am Ende aller Tage lebt Jesus, das „Lamm Gottes": „über dem Hochaltar ist es – ungewöhnlich groß – der tragende Schlußstein, umgeben vom Lebensbaum [...]. Gleichnis, Erinnerung und Vergegenwärtigung zugleich für die letzte Hoffnung unserer Welt." Im mittelalterlichen Kirchenbau hatte jedes Detail symbolische Bedeutung.

Die St. Johannis-Kirche wurde in einem ersten Bauabschnitt zwischen 1289 und 1308 als fünfschiffige Hallenkirche errichtet. Ihr Turm hat seine heutige Gestalt nach einem Brand von 1406 erhalten. Von leuchtender Farbigkeit und kraftvoller, klarer Gestaltung sind die vier Tafeln auf den inneren Flügelrückseiten des geschnitzten, goldstrahlenden Hochaltars. Gemalt wurden sie 1482/84 von Hinrik Funhoff, dem Meisterschüler Hans Bornemanns. Der „Thieme/Becker", ein großes Künstlerlexikon, ist seines Lobes voll: „die Arbeiten Funhoffs erheben sich weit über den Durchschnitt der niedersächsischen Malerei dieser Zeit, vor allem durch die sorgfältige niederländische Schule. Die geschickte Staffelung der Figurengruppen in die Bildtiefe, die etwas nüchterne Behandlung von Architektur und landschaftlichem Vordergrund, die schlanken Proportionen (Beine, Hände) erinnern stark an die Werke des Dirck Bouts, besonders an die späten Gerechtigkeitsbilder in Brüssel. Er muß in dessen Werkstatt gearbeitet haben. [...] Als selbständige Besonderheit seines Stils muß die ausgeprägte Bega-

Nordostniedersachsen ist mit verschiedenen Fachbereichen präsent. Die Universität aber hat seit neuem das Areal der ehemaligen Scharnhorstkaserne erobert und in einen weitläufigen, mit alten Bäumen begrünten Campus verwandelt. Moderne, lichte Hörsäle fügen sich an vorhandene Bauten, die in ihrem Innern alles Kasernenhafte verloren haben. Mehrere Mannschaftsblocks werden von Studenten in Eigenregie, aber nach Handwerksstandards in attraktive Wohnheime umgewandelt. Viel kreative Energie geht von Studierenden des Fachbereichs Kulturwissenschaften aus. Auch erziehungs-, wirtschafts-, sozial- und umweltwissenschaftliche Studiengänge kann man in Lüneburg belegen.

Lüneburgs Wahrzeichen ist die St. Johannis-Kirche. Sie dominiert den weiten Platz Am Sande. Auf allen Stadtansichten seit ältesten Zeiten überragt sie mit ihrem 108 Meter hohen Turm die Stadt. Nicht nur wirken die alten Häuser Lüneburgs wie alte Kirchen, auch die größte der Kirchen sieht aus wie ein gewaltiges, auf ein „göttliches Maß" ausgeweitetes Haus. „Sie ist wie alle Häuser unserer Stadt aus Backstein erbaut. Sie trägt die gleichen Stilmerkmale wie die übrigen Gebäude aus jener Zeit, deren Treppengiebel wir noch heute in den Straßen finden", erklärt der Superintendent Martin Voigt. Die St. Johannis-Kirche ist aber nicht nur ein gewaltiges Haus. Sie repräsentiert eine ganze Stadt: das

bung für Wiedergabe derber, aber äußerst charakteristischer Bildnisköpfe gelten, sein ganz undramatisches, kühl-beschauliches und leicht zum Dekorativen neigendes Temperament, die helle und zarte Farbigkeit." Nur ganz wenige der Werke Hinrick Funhoffs sind erhalten geblieben.

Unter den Schätzen der St. Johannis-Kirche überrascht ein exotisches Kleinod: die wundervolle, fremdartige Weihnachtskrippe, die 1979 von Ernest Chibanga aus einem Ebenholzstamm herausgearbeitet worden ist, mit einer pechschwarzen „Heiligen Familie", Hirten in Gestalt afrikanischer Nomaden und Engeln, die nichts weniger als süße Barock-Putten sind.

Wenn man sich wieder dem Ausgang zuwendet, erblickt man die prachtvolle, bis unter das Gewölbe emporsteigende Barockorgel von St. Johannis. 1551/53 im Hauptwerk erbaut, galt sie im 16. Jahrhundert als das führende Instrument überhaupt. Heute verfügt sie über drei Manuale, Pedal und 51 Register mit insgesamt 4500 Pfeifen. Außerhalb der sonntäglichen Gottesdienste ist sie im Sommer regelmäßig in Orgelandachten und -konzerten mit Organisten von internationalem Rang zu vernehmen.

Einen Ort der Stille und Besinnung findet man im Museum für das Fürstentum Lüneburg: eine Schatzkammer mit einer vorgeschichtlichen Abteilung, einer reichen Sammlung zur Lüneburger Kulturgeschichte und Räumen mit erlesenen Kirchenkunstwerken. Ein sichtbar gemarterter, dazu im Laufe der Jahrhunderte verstümmelter Christus einer Triumphkreuzgruppe aus der St. Johannis-Kirche wirkt besonders ergreifend. Die „Ebstorfer Weltkarte", eine große Darstellung des mittelalterlichen Weltbildes mit dem quadratischen „Neuen Jerusalem" im Zentrum, ist so bedeutend, daß man eine Reproduktion von ihr im heutigen Jerusalem erwerben kann.

Auch ein „Naturmuseum", ein „Brauereimuseum" und ein modernes „Ostpreußisches Landesmuseum" laden in Lüneburg zu Besuchen ein. Ein kurzer Spaziergang führt zum gut einen Kilometer vom Stadtzentrum entfernten Kloster Lüne. „Das mittelalterliche in Backsteinbauweise errichtete Kloster mit seiner fast jeden Besucher berührenden so ganz besonderen Stimmung, weit weg vom üblichen Alltag" – so schwärmt ein Wanderführer von diesem Ort der Einkehr und Besinnung. Vieles trägt zu diesem Zauber bei: der Torweg, Gärten und Friedhof, die belaubten und verschachtelten Gebäude, der halb offene, halb umschlossene Hof, die Abwechselung im Baustil. Innen empfängt den Besucher der Handstein, ein kleiner gotischer Brunnen. Es beeindrucken die rundum aus Brettern gezimmerten Zellengänge mit schlichten gotischen Schränken und Truhen: die Uhlenflucht mit einem Tonnengewölbe und der sogenannte Sarggang, der wie die Innenseiten eines Sarges gearbeitet ist. Die Zellen selbst sind klein und karg. Sie kontrastieren mit der lebensvollen, barocken Klosterkirche, die sich für Kammerkonzerte vorzüglich eignet. Für den größten Schatz des Klosters ist im Park ein eigenes Museum mit einer Restaurierungswerkstatt für alte Textilien erbaut worden: Altardecken und Fastentücher mit figürlichen Darstellungen in Weißstickerei aus dem 13. und 14. Jahrhundert und detailfreudige bunte Bildstickereien, Teppiche und Banklaken aus den Jahren 1492 bis 1508. Vom 1. April bis 15. Oktober kann Kloster Lüne besichtigt werden. Eine Handweberei, in der auch abstrakte Bildteppiche gewirkt werden, knüpft im ehemaligen Betsaal des Klosters an die alte Tradition wieder an.

Seite 14, 15: Blick vom Turm der St. Michaelis-Kirche über die Dächer des alten Lüneburgs.

Seite 16, 17: Markttage in Lüneburg.
Rund um den zierlichen Luna-Brunnen herrscht mittwochs und sonnabends ein reges Treiben.
Die barocke Rathausfassade verleiht dem Marktplatz sein besonderes Gepräge.

Im würdevollen Rahmen des Fürstensaales werden Konzerte und Empfänge ausgerichtet.
Seite 18, 19: Die Gerichtslaube gehört zu den ältesten und eindrucksvollsten Räumen des Rathauses.

Die Giebel der Garloppenhäuser in der Reitenden-Diener-Straße.
Die ungewöhnlichen Reihenhäuser aus der Mitte des 16. Jahrhunderts
sind mit Wappenmedaillons reich verziert.

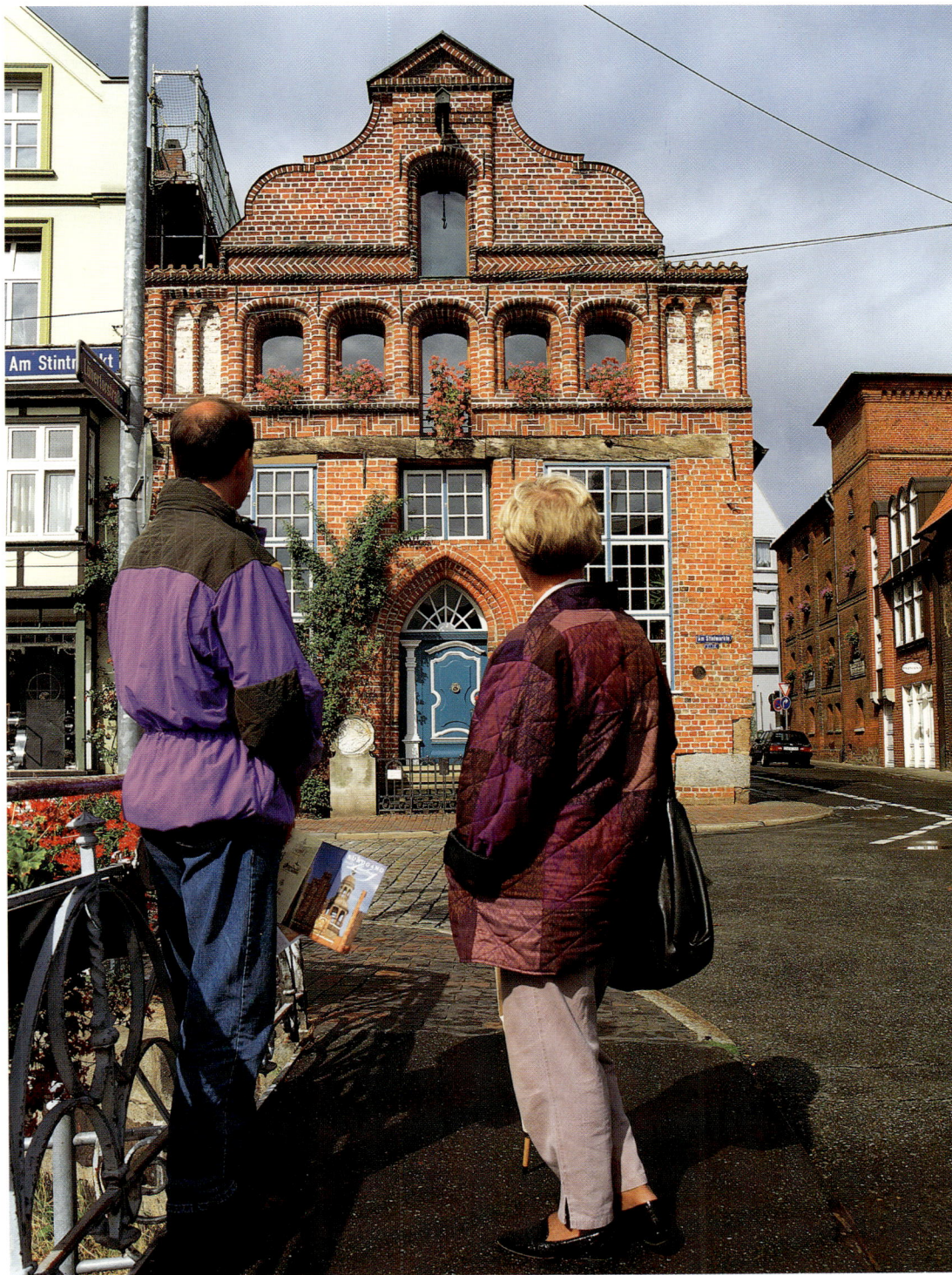

*Ein vorbildlich restauriertes Privathaus, dessen Diele gelegentlich für Kammerkonzerte geöffnet wird.
Seite 22: Giebel Lüneburger Patrizierhäuser.
Typisch für nordische Hansestädte ist die Verwendung von rotem Backstein.
Unten rechts: das Heinrich-Heine-Haus am Markt.*

Ein Lüneburger Wahrzeichen: der Alte Kran am Ilmenau-Hafen.
Seite 24: Blick in den Rathausgarten mit der üppigen Magnolie. Hier blühen Blumen zu jeder Jahreszeit.
Seite 25: Alte Lindenbäume verwandeln den Bardowicker Wall in eine schattige Allee.

Das alte Kaufhaus mit seiner hübschen Barockfassade.

*Bemalte Decken und
Wände aus Renaissance
und Barock schmücken
die Räume des Heinrich-
Heine-Hauses. Der histo-
rische Tanzsaal dient
heute dem Standesamt
als Trauzimmer.*

Von der Landungsbrücke am Stintmarkt geht die Fahrt stromabwärts durch die Lüneburger Elbmarsch.

Abendstimmung am Hafen mit der Lüner Mühle, der Brausebrücke
und dem markanten Turm der Abtswasserkunst.

An warmen Sommerabenden verwandelt sich Lüneburgs Hafenviertel
in ein großes südländisches Straßenlokal.
Bis tief in die Nacht drängen sich die Besucher an den Tischen, auf den Straßen und Treppen.
Seite 32, 33: Blumen schmücken viele Gebäude in den Einkaufsstraßen.

Ein stattliches Patrizierhaus: das Brömsehaus Am Berge.

Lüneburgs zentraler Platz Am Sande.
Seite 35: Vier Lüneburger Portale.
Oben links: der Eingang zur alten Rathsapotheke in der Großen Bäckerstraße.

In der dunklen Vorweihnachtszeit erstrahlen die Giebel der Innenstadt, wie hier Am Sande.

Zu den herrlichen Kunstschätzen der St. Johannis-Kirche zählt dieser gotische Marienleuchter.
Seite 38: Blick in das Innere der St. Johannis-Kirche.

Die Ratsmühle an der Ilmenau mit dem Turm der Ratswasserkunst aus dem 16. Jahrhundert.
Der neugotische Wasserturm im Hintergrund ist einem Stendaler Stadttor nachempfunden.

Das Museum für das Fürstentum Lüneburg ist ein Ort der Stille.
Eine Abteilung widmet sich erlesenen Kirchenkunstwerken.

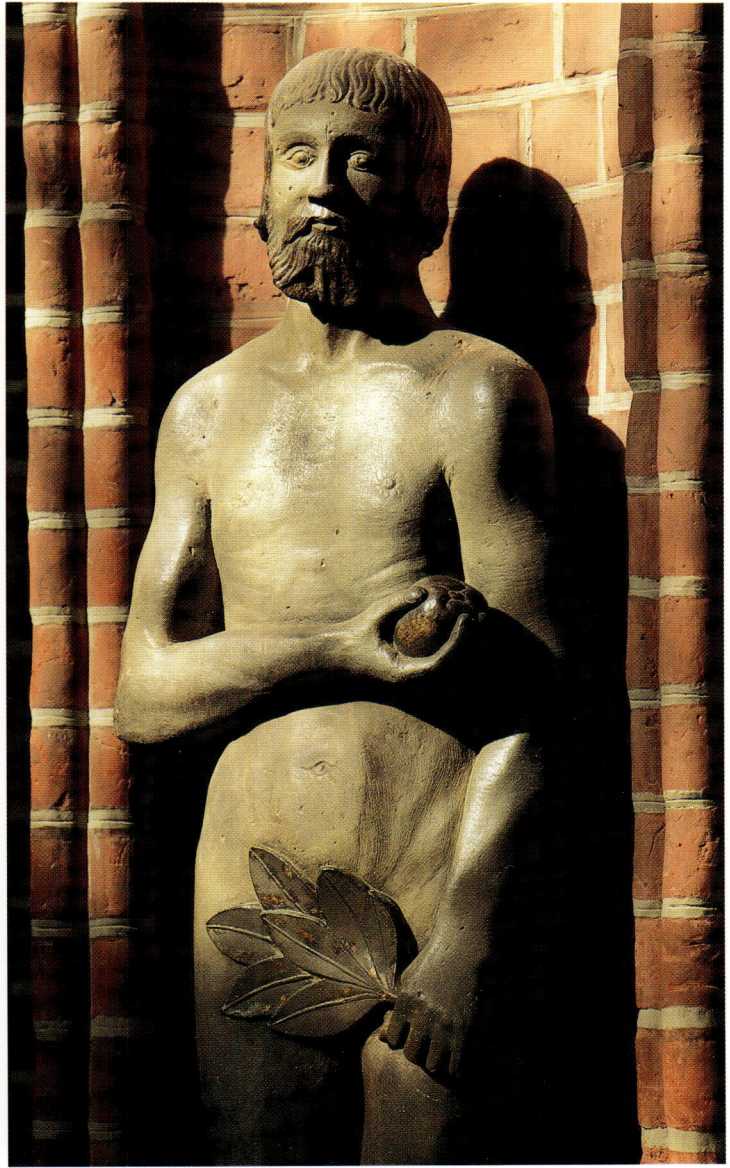

Die schlichten Sandsteinfiguren Adams und Evas stammen vom Anfang des 16. Jahrhunderts.
Seite 42: Ein Sterngewölbe überstrahlt die St. Nikolai-Kirche,
das jüngste der drei erhaltenen gotischen Gotteshäuser in Lüneburg.

43

Reinheit und Harmonie strahlt dieser kleine gotische Schnitzaltar im Chorumgang der St. Nikolai-Kirche aus.

Im Zentrum der mittelalterlichen Ebstorfer Weltkarte liegt das himmlische Jerusalem,
auf das alles irdische Leben ausgerichtet ist.
Ein Exemplar der im nahen Ebstorf gefertigten Karte hängt im Museum für das Fürstentum Lüneburg.

Blick vom Turm der St. Nikolai-Kirche.
Im Vordergrund überschaut man den Komplex des Schlosses am Markt.
Seite 47: Glück auf! Über 1000 Jahre förderte die Lüneburger Saline „weißes Gold".

Das Deutsche Salzmuseum macht die Geschichte der Salzgewinnung anschaulich.

Die letzte Siedepfanne läßt sich im Deutschen Salzmuseum per Knopfdruck in Bewegung setzen.

Morgenstimmung im oberen Abschnitt der Straße „Auf dem Meere".

Die in Frühnebel gehüllte St. Michaelis-Kirche überragt den unteren Abschnitt der Straße „Auf dem Meere".

In der Sonne erstrahlen die malerischen Häuser der westlichen Altstadt.

Allenthalben schmücken Blüten die Hausfassaden.
Seite 54, 55: „Utluchten" nennt man die Erker der Häuser, die das Bild der Altstadtgassen prägen.

An einem Augustwochenende findet jährlich die „Alte Handwerkerstraße" statt.
Bunte Trachten aus dem 16. Jahrhundert bestimmen das Bild des sehenswerten Marktes.
Seite 57: Nur etwa einen Kilometer vom Stadtzentrum entfernt liegt das idyllische Kloster Lüne.

Der Kreuzgang des Klosters.
Seite 58: Für die berühmten mittelalterlichen Hungertücher und Bildteppiche ist im Kloster Lüne
ein Museum erbaut worden.
Seite 60, 61: Blick vom Kalkberg auf das Panorama der Stadt Lüneburg.

Einheitsgemeinde Adendorf

Adendorf ist bestrebt, auf kleiner Fläche Wohngebiete zu erschließen, Industrie anzusiedeln, Einkaufsgelegenheiten zu schaffen und vielfältige Erholungs- und Freizeitmöglichkeiten anzubieten. In der Ortsmitte wurde am Kirchweg ein neues Zentrum geschaffen. Innerhalb weniger Jahrzehnte verwandelte sich das Dorf, das um 1900 nur 345 Seelen zählte und 1945 etwas mehr als 2500 Einwohner hatte, mit heute ungefähr 9200 Bewohnern zur bevölkerungsstärksten Gemeinde des Landkreises. Wo früher eine erschöpfte Tonkuhle war, pflanzte man vor 17 Jahren Bäume und Büsche, legte man Wege an und schuf so einen 33 000 Quadratmeter umfassenden Park, die „Teichaue". Schräg gegenüber entstand eines der größten Sportzentren Norddeutschlands. Eine große Sporthalle, vier Fußballplätze, diverse Tennisanlagen in der Halle und an der frischen Luft, vier Squash-Courts, zwei Badmintonplätze, ein Gymnastikraum, Kegelbahnen, Saunen und anderes mehr stehen bereit. Nebenan dehnt sich ein weites Freibadgelände aus, wo sich im Sommer Badegäste von nah und fern tummeln. Gekrönt aber wird Adendorfs Sportzentrum von einer großen, gut besuchten Eishalle, in der man sich auch Schlittschuhe ausleihen kann. Am Wochenende gehört das Stadion dem Adendorfer EC, den Lokalmatadoren im Eishockey, die sich bereits in die zweite Liga emporgespielt und ein begeistertes Publikum hinter sich haben.

Adendorf ist nicht nur eine sehr moderne Gemeinde, sondern auch ein sehr alter Ort, der im Jahre 1004 erstmals erwähnt wurde. Bis auf das Jahr 1258 kann die St. Johannes-Kapelle in der alten Dorfmitte zurückblicken. Das kleine gotische Backsteinkirchlein mit dem spitzen, hölzernen Turm über dem Eingangsvorbau, dem „Brauthaus", wirkt in seiner grünen Umgebung sehr romantisch. Die Haupttafel des restaurierten Altars mit einer Auferstehungsszene stammt vom Beginn des 17. Jahrhunderts. Auch die 1962 eingeweihte Emmauskirche mit Arbeiten des holländischen Bildhauers Lou Manche ist eindrucksvoll. Wer mit dem Fahrrad von Adendorf nach Erbstorf fährt, kommt an Sommervillen aus der Zeit um 1900 vorbei, als jeder, der es sich leisten konnte, die heißen Monate außerhalb der Stadt verbrachte. Weiter führt ein hübscher Sonntagsausflug mit dem Fahrrad am Kanal entlang zum Schiffshebewerk Scharnebeck und durch das Drögeholz zurück nach Adendorf. Mitten in dem lichten Mischwald stößt man auf die mächtige „Königsbuche", in die viele Generationen von Liebespaaren ihre Initialien geschnitten haben. Heute steht sie als Naturdenkmal unter Schutz. Kulturelle Höhepunkte bilden die Liederabende und Kammerkonzerte der „Adendorfer Serenade". Vor allem junge musikalische Talente gestalten die inzwischen renommierte Konzertreihe.

Die St. Johannes-Kapelle von Adendorf im Frühling.

*Die Teichaue, Adendorfs kleiner Park in der Nähe des
Sportzentrums.
Morgenstimmung im Spätsommer über den Wiesen
bei Elba (links).
Seite 65: Kerzengerade reckt sich die Königsbuche im
Drögenholz empor.*

Die Eissporthalle im Adendorfer Sportzentrum, das eines der größten in Norddeutschland ist.

Ein geschmackvolles „Sommerhaus" vom Anfang des 20. Jahrhunderts an der Dorfstraße.

Samtgemeinde Amelinghausen

Mit 130 000 Besuchern im Jahr ist Amelinghausen der beliebteste Fremdenverkehrsort im Landkreis Lüneburg. 1000 Betten, 500 Plätze für Camper und etwa 1000 Stellplätze für Wohnmobile stellt die Samtgemeinde bereit. Anziehend wirkt die abwechslungsreiche „Heidelandschaft" nahe der Stadt, die der Lüneburger Heide ihren Namen gegeben hat. Wald und Hügel gehen über in Heide, die von lockeren Gruppen bizarrer Wacholderbüsche bevölkert ist. Bäche und Heideflüsse schlängeln sich, mancherorts mit kleinen Stromschnellen, durch die Niederungen. Rad- und Wasserwanderer finden also in Amelinghausen ihr Revier. Auch Kutschfahrten und Reitmöglichkeiten werden angeboten. Und im Sommer kann man den Ort an manchen Tagen sogar mit historischen Eisenbahnzügen erreichen. Auf dem Höhepunkt der Saison feiert Amelinghausen eine Woche lang im August das „Heideblütenfest", das mit einem großen Feuerwerk, mit Illuminationen am und auf dem Lopausee beginnt. Es schließt mit der Wahl der neuen Heidekönigin, einem Festumzug und einer langen Ballnacht.

Zu den beliebtesten Ausflugszielen gehören die Rehrhofheide, das Marxener Paradies, die vollständig erhaltene Wassermühle von Soderstorf aus dem Jahr 1821 und die Nekropole Soderstorf mit Grabanlagen aus Jungsteinzeit, Bronze- und Eisenzeit. Am Wohlenbüttler Weg oberhalb des Luhetalrandes wurde ein imposantes Megalit- oder Hünengrab freigelegt. Nur wenig entfernt kann man die Totenstadt bei Oldendorf mit vier Hünenbetten erkunden, die man für „Königsgräber" angesehen hat. Im Heimatmuseum in Amelinghausen ist ein Teil der reichen Grabbeigaben aus der Jungsteinzeit ausgestellt. Darunter sind tönerne Tassen mit hohen Henkeln, die offensichtlich Gefäßen aus Edelmetall nachgebildet worden sind, wie man sie damals schon in Anatolien herstellte. Man nimmt an, daß die Kopien aus Ton auf dem Balkan getöpfert wurden, von wo sie in den Elberaum importiert worden sind. Das Heimatmuseum in Amelinghausen zeigt außerdem eine Sammlung von Versteinerungen, die von riesigen Gletschern während dreier Eiszeiten aus Skandinavien und dem Baltikum nach Norddeutschland geschoben worden sind. Den breitesten Raum aber nimmt eine Ausstellung von Gegenständen der bäuerlichen Alltags- und Festtagskultur ein.

Szenen aus dem Leben von anno dazumal, aus fremden Welten und Tagen, die Geschichte machten, lassen sich in den niedlichen Guckkästen des Zinnfigurenkabinetts bestaunen. Ein Tierarzt hat die 57 kleinen Bühnen im ersten Stock des Alten Postausspanns in Amelinghausen dekoriert und die rund 5000 Zinnfiguren mit Kostümen ihrer Zeit farbenfroh bemalt. Erwachsene dürfen sich wie Kinder ihrer Phantasie und Schaulust überlassen, sich fühlen wie Gulliver in Lilliput und eintauchen in einen Zirkus der Weltgeschichte, in dem sich Menschen, Tiere, Sensationen tummeln.

Zwei Dorfkirchen in der Samtgemeinde Amelinghausen sind besonders sehenswert: das Betzendorfer Gotteshaus mit dem gedrungenen, unten aus über zweieinhalb Meter dicken Mauern errichteten romanischen Turm und einem schönen spätgotischen Schnitzaltar. Anstelle der Kreuzigungsszene ist im Mittelteil die Krönung Mariens durch Christus zu sehen. Der Altar ist zierlich gearbeitet und bekennt eine schlichte, ernste Frömmigkeit. Auch der Altar der St. Martins-Kirche in Raven aus der Zeit um 1430 zeigt „die in jener Zeit oft dargestellte Krönung Mariens durch Christus auf dem Thron der Ewigkeit. Soeben ist die Krönung geschehen, und mit niedergeschlagenen Augen betet Maria Gott in Demut an. Der bärtige Christus ist dem Beschauer zugewandt und erhebt die rechte Hand zum Segen. [...] Auf dem Gesicht Mariens liegt die ganze Innigkeit spätmittelalterlicher Madonnen, während von dem Antlitz Christi eine große Ruhe und ein stiller Frieden ausgehen", schreibt der ehemalige Superintendent Erich Hessing.

Rathaus

1988

s Amelinghausen

Die Rehrhof-Heide gehört zu den erhaltenen kleinen Heidegebieten in der näheren Umgebung Lüneburgs.
Seite 69: Auf dem Höhepunkt der Saison findet in Amelinghausen das Heideblütenfest statt.

Heidschnucken nennt man die für die Lüneburger Heide typische Schafrasse.

Das Haupt der Heidekönigin ziert eine aus Heide geflochtene hohe Krone.
Unten links: Altbürgermeister Friedrich Meyer.
Seite 73: Der gedrungene, aus Feldsteinen erbaute Turm der Betzendorfer Kirche.
Seite 74 oben: die Amelinghausener Kirche im Herbstlaub; unten: der Lopausee im Frühling.

72

Samtgemeinde Bardowick

Bardowick wird mit langem i „-wiek" ausgesprochen. Die Endung „wik" in vielen Ortsnamen ist verwandt mit „weich" und deutet auf eine alte Bucht an einem Fluß hin. Um die Anlegestelle an der Ilmenau am Rande des Überschwemmungsgebietes der Elbe wuchs ein einflußreicher Handelsort im alten Siedlungsgebiet der Langobarden, dem Bardengau. Eintausendzweihundert Jahre sind vergangen, seit Kaiser Karl der Große 795 auf seinen Kriegszügen gegen die Sachsen zum ersten Mal in Bardowick lagerte und der Ort erstmals urkundlich erwähnt wurde. Drei Jahre später kam er wieder. Im Jahre 805 ernannte er Bardowick zum befestigten Missions- und Grenzhandelsort, über den die Händler nicht weiter in das Gebiet der Sachsen und Wenden vordringen durften, vor allem um den Waffenhandel mit dem Feind zu unterbinden. Bardowick erlebte eine hohe Blüte. Von ihr legt ein Schatz beredtes Zeugnis ab, der 1912 durch Zufall entdeckt wurde: etwa 500 Münzen, deren älteste aus der Zeit um 700 datieren, darunter eine große Anzahl in Bardowick geprägter Geldstücke. Ein kleiner Teil des Schatzes wird heute im Bardowicker Heimatmuseum, dem Gildehaus von 1651, gezeigt. Mehrfach zogen noch deutsche Kaiser hierher, bevor Heinrich der Löwe am 28. Oktober 1189 den Ort völlig zerstörte.

An der Größe des Ortskerns, der sich weiter ausdehnt als Lüneburgs Altstadt, kann man noch heute Bardowicks einstige Bedeutung erahnen. Das verwirrende Straßennetz aber erinnert an die Katastrophe von 1189. Denn städtebaulich ist Bardowick im Entwicklungsstadium eines mittelalterlichen Wiek-Ortes steckengeblieben.

„Als Zentrum ist einzig der ohne planmäßige Anordnung gestaltete Markt hervorgehoben. Als Hauptstraßen führen auf ihn zu die Große Straße von Lüneburg, die Hudestraße direkt von der Hude, wo der Warenumschlagplatz, der Wiek gelegen haben dürfte. Weiterhin vom Dom die Domstraße und die Große Bäckerstraße, die als Fernverbindung nach Norden über die Ilmenau führt. Die übrigen Straßen verlaufen regellos", erklärt Gerd Weiß vom Institut für Denkmalpflege in Hannover.

Seit mehr als 400 Jahren führt Bardowick in seinem Wappen drei weiße Rüben, Vorformen der heutigen roten Mohrrüben, und zwischen den weiträumig verstreuten Gehöften erstrecken sich fruchtbare, mit Gemüse und Blumen bebaute Felder. Der Handelsort hat sich in Hamburgs Gemüsegarten und wahrscheinlich das größte zusammenhängende Möhrenanbaugebiet Deutschlands verwandelt. Seit 1445 werden in alten Hamburger Rechnungsbüchern Gemüselieferungen aus Bardowick verzeichnet. Die 1952 vom Gemüsebauverein und der Landjugend zum ersten Mal mit einem Umzug prachtvoll geschmückter Wagen begangenen Erntedankfeste haben sich zu den größten Norddeutschlands ausgeweitet. Blumen, Feldfrüchte, ein Berg von Ähren und viel liebevolle Kleinarbeit verwandeln die Wagen und Wägelchen in dekorative Gebilde, von denen manche die Brüsseler Agrarpolitik karikieren. Das Fest, das am späten Nachmittag mit der Prämierung der originellsten Fahrzeuge endet, beginnt am Morgen mit einem Dankgottesdienst im Dom St. Peter und Paul, der unter anderm mit einer großen Erntekrone geschmückt ist. Aus 150 Garben des besten Korns und 400 Metern Draht hat die Landjugend sie in vielen Feierabendstunden geflochten.

Der Dom, eine dreischiffige gotische Hallenkirche mit zwei eigentümlich gedrungenen Türmen, ist das Wahrzeichen Bardowicks. Durch den Haupteingang tritt man in die kühle romanische Vorhalle aus dem frühen 13. Jahrhundert, die – für dieses Gebiet einzigartig – aus Quadern vom Lüneburger Schildstein gefügt ist. In ganz Norddeutschland einzig ist auch das herrliche gotische Chorgestühl von 1486/87 durch 500 Jahre unverstümmelt erhalten geblieben. Ein kunstvoller, goldstrahlender gotischer Hochaltar und andere sakrale Schätze schmücken den Dom, der sich durch angenehme Akustik auch für Konzerte eignet. An der Außenmauer zum Domplatz mahnt ein geschnitzter und vergoldeter Löwe seit über 500 Jahren mit der Inschrift „Leonis vestigium" (Die Spur des Löwen) an die Zerstörung des Ortes durch Heinrich den Löwen.

Als eigener, malerischer Ort läd der St. Nikolaihof zum Betrachten ein. Seine letzte Gestalt erhielt das 1251 erstmals als Lepra-Hospital urkundlich erwähnte Anwesen um 1800. Hohe Linden, Bauerngärten und Obstbäume umrahmen die Gruppe der Gebäude. In ihrer Mitte steht die kleine einschiffige, gotische Kirche aus dem Jahre 1435, in der winters die evangelischen Gottesdienste begangen werden. Ihre Orgelpfeifen sind die ältesten Europas. Vom alten Männerhaus mit der gotischen Giebelfront aus der Zeit um 1440 und dem tief heruntergezogenen Dach führt ein enger gepflasterter Weg um die Kirche herum zum barocken Portal des Frauenhauses, das um 1700 errichtet wurde. Ein steinernes Medusenhaupt über der Tür soll das Böse bannen. Zwischen Frauen- und Männerhaus führt ein Pfad hinab in das kleine Gehölz, das dem „Eichhof" seinen Namen eingetragen hat und in dem Waldkäuze zu Hause sind. Der Weg trifft in der Nähe der Bardowicker Schleuse auf den alten Treidelpfad an der Ilmenau, auf dem einst die „Drecker" die Kähne nach Lüneburg stromaufwärts zogen.

Seit dem 19. November 1994 hat Bardowick eine weitere Sehenswürdigkeit. Nach 42 Jahren drehen sich wieder die Flügel der alten Holländerwindmühle, die seit 1813 ununterbrochen gewerblich genutzt wird. Der Müller ist gerne bereit, interessierten Gästen nach Voranmeldung die Mühle und ihr Innenleben zu zeigen.

In Handorf steht eine weitere Holländerwindmühle. Am letzten Wochenende im August feiert Wittorf alljährlich ein großes Heideblütenfest. Der Barumer See, eine Ausbuchtung der Neetze, die zu den reinsten Flüssen der Region zählt, wird gern als Badesee genutzt. Sankt Dionys bietet eine 18-Loch-Golfanlage. Bootsausflüge auf der Ilmenau führen hinaus in die weite, pastorale Marschlandschaft.

Zum Erntedankfest wird der Dom mit Bardowicker Gemüse geschmückt.
Seite 77: Von Bardowicks 1200jähriger Vergangenheit zeugt der Dom St. Peter und Paul.
Seite 79: 1994 wurde die Bardowicker Mühle von 1813 restauriert.
Eine besondere Konstruktionsweise sorgt stets für optimale Windanpassung.

Kinder in Bardowicker Tracht beim Erntedankumzug.

selbstgekochte Marmelade

Verbote
Verordnungen
Gesetze
Paragraphen ...
"... was kann man da noch anderes erwarten
So werden wir zu Kom..."

Bardowick

Besucher von nah und fern säumen die Straßen während des Bardowicker Erntedankumzuges
mit seinen zahlreichen blumengeschmückten Festwagen.

Der St. Nikolaihof in Bardowick.

Stadt Bleckede

Bleckede, die zweite, kleinere Stadt des Landkreises Lüneburg, liegt in reizvoller und abwechslungsreicher Landschaft an der Elbe. Eine Fähre überbrückt den Strom, der das kleine Gebiet Neu-Bleckede am östlichen Ufer vom Ort trennt. Zwölf Gemeinden haben sich als Ortsteile der Stadt angeschlossen. Sieben von ihnen liegen nordwestlich von Bleckede in der Elbmarsch mit ihren typischen Marschhufendörfern. Wie Perlen auf einer Kette reihen sich die Höfe am Deich entlang aneinander. Über zwei, manchmal sogar vier Kilometer ziehen sich die dazugehörigen, nur wenige Meter breiten Wiesen- und Ackerstriche ins Binnenland hin. Die „Streifenflur" ist ein Denkmal aus der Zeit der Marschkultivierung und des ersten Deichbaues, mit denen im 13. Jahrhundert begonnen wurde. In der Breite eines Schaufelwurfs zog man Entwässerungsgräben, die Grüppen genannt werden. Die ausgehobene Erde wurde zu Beetrücken aufgehäufelt. Bäume und Hecken entlang der Gräben lieferten Weidenruten, Bau- und Brennholz. Da jeder Anlieger seinen Deichabschnitt zu schützen hatte, war man bestrebt, die Grundstücke schmal zu halten.

Viele alte Bauernhäuser, das Grün der Wiesen, der Duft der Heublumen, der breite Strom der Elbe, Störche, Reiher und viele andere Vögel machen die Bleckeder Marsch so reizvoll, laden zu sanfter Naturerkundung ein. 150 Kilometer beträgt das ausgeschilderte Wanderwegenetz, eine weite Strecke, auch wenn ein großer Teil der Uferzone unter Naturschutz steht und nicht betreten werden darf. Man kann an Schiffsausflügen auf der Elbe teilnehmen oder mit dem Fahrrad den Deich entlangradeln. Südlich von Bleckede führt die Elbuferstraße über die bewaldeten Elbtaldünen auf und ab nach Walmsburg. Berge von Sand fegte der Wind hier nach dem Ende der letzten Eiszeit zusammen. Vom höchsten Punkt, dem Aussichtsturm Viehler Berge, hat man einen herrlichen Blick über die Elbe weit hinein in das Amt Neuhaus. Zwischen Walmsburg und Barskamp liegen Großsteingräber im Schieringer Forst. Auf dem Friedhof in Barskamp selbst gedenkt man der Toten des KZ-Außenlagers Alt Garge, von denen einige hier begraben sind. Zu Besuchen laden die Barskamper Kirche mit dem romanischen Feldsteinturm und die Erlöserkapelle in Alt Garge aus dem Jahr 1957 ein. Otto Flath, ein Bildhauer in der Nachfolge Ernst Barlachs, hat ihren „Verkündigungsaltar" aus sieben bis zu fünf Meter hohen Lindenholzsäulen geschnitten. Die biblischen Darstellungen sprechen eine stille und zugleich sehr sinnliche Sprache.

Wahrzeichen Bleckedes ist das Schloß mit der Ruine des heute noch acht Meter hohen Burgturms aus der Zeit um 1500. Seine über drei Meter dicken Backsteinmauern sind mit Feldsteinen gefüllt. Zum Bau verwendete man mit Magermilch angerührten Gips, der zu einer Art Beton aushärtete. Später wurde der Turm als Gefängnis genutzt, wovon noch eiserne Relikte im Mauerwerk zeugen. Von oben herab genießt man heute die weite Aussicht auf das jenseitige Elbufer. Die beiden Fachwerkflügel des kleinen Schlosses fassen den weiten gepflasterten Hof von zwei Seiten ein. Die klare Gliederung der Gebäude von 1600 und 1743, das breite, schmückende Band der Schnitzereien und das Grün der Büsche und Bäume verleihen dem Platz eine anmutige, beschauliche Atmosphäre. Seit 1976 wird in dieser Umgebung alljährlich Ende Mai/Anfang Juni die Konzertreihe „Bleckeder Frühling" aufgeführt. Begleitet werden die Musiker bisweilen vom vielstimmigen Vogelchor im nahen Schloßpark hinter der „Künstlerstätte Schloß Bleckede", die den Hof zur dritten Seite hin einrahmt. Drei Atelierwohnungen stehen seit 1979 in einem ehemaligen Wirtschaftsgebäude, der ausgebauten Fachwerkremise, Malern, Bildhauern und Graphikern zur Verfügung, die unter einer großen Zahl von Bewerbern für das Stipendium des Landes Niedersachsen ausgewählt worden sind. Im Hauptgebäude des Schlosses wohnen und arbeiten die Teilnehmer an den Kursen der Heimvolkshochschule Barendorf, die hier eine zweite Niederlassung eingerichtet hat.

Feste und Märkte beleben Bleckede über das Jahr verstreut. Zu Kunsthandwerksmessen und Kulturveranstaltungen aller Art strömen Besucher in die neue Stadthalle dicht an der Elbe. Sie bietet Tagungs- und Konferenzraum für 150 Teilnehmer.

Nicht weit vom Schloß entfernt befindet sich im ehemaligen Amtshaus und der zugehörigen Zehntscheune ein naturkundliches Forschungs- und Dokumentationszentrum, das „Elbtal-Haus". Naturfreunden bietet der Findlingsgarten im Staatlichen Forstamt Bleckede eine außergewöhnliche Attraktion. Kilometerdicke Gletscher haben während der Eiszeiten Gestein aus Mittelschweden, den Baltischen Ländern und vom Grund der heutigen Ostsee „gehobelt" und bei ihrem Vorwärtsdrängen zu Sand und Kies geschliffen, den man heute im Landkreis Lüneburg teilweise abbaut. Dazwischen findet man einzelne tonnenschwere „Hinkelsteine", die Findlinge. Die ältesten von ihnen, vulkanisches Tiefengestein, stammen aus der Zeit, als vor Milliarden von Jahren die Erdkruste erkaltete. Die jüngsten sind gerade wenige hunderttausend Jahre alt. Eine Führung durch den Findlingsgarten im Bleckeder Ortsteil Breetze gewährt anhand blaugrauer, roter, glitzernder und gescheckter Monumente einen Einblick in die gewaltigen Dimensionen der Erdgeschichte. Es lohnt sich, durch die hübsche pastorale Landschaft hierher zu wandern.

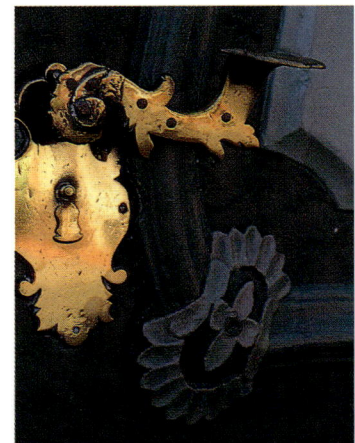

Blick vom Turm in den Bleckeder Schloßhof.
Unten: geschmackvolle Gärten, interessantes Fachwerk, alte Türen –
Bleckede bietet dem Betrachter viele hübsche Kleinigkeiten.
Seite 86: Der Schloßgarten.

*In den Bleckeder Marschhufendörfern nisten noch relativ viele Störche,
wie hier auf dem alten Küsterhaus in Radegast.
Seiten 87 oben: überflutete Wiesen im Deichvorland bei Bleckede;
unten: Blick vom Fähranleger in Neu-Bleckede auf die Abendsonne
und die Silhouette von Bleckede am Westufer der Elbe.*

Aus Findlingen wurden einst die Großsteingräber im Schieringer Forst errichtet.
Seite 90, 91: Der Findlingsgarten in Breetze läßt die Besucher tief in die Erdgeschichte blicken.

Landschaft zwischen Dahlenburg und Bleckede im Herbst.
Seite 93: Die Kirche in Barskamp mit dem romanischen Turm aus Feldsteinen.

93

Samtgemeinde Dahlenburg

Von Norden her fährt man durch Dahlenburg, das „Tor zur Göhrde", in das weite Jagdrevier von Kaisern und Königen. Und mit dem Forstort Röthen ragt die Samtgemeinde sogar ein Stück in den Wald hinein, in dem nur wenige Menschen leben. Beinahe einhundert Jahre, von 1850 bis 1945, blieb die Öffentlichkeit aus der Göhrde ausgesperrt, die als Staatsjagd rundherum eingegattert war. Reich an Wild und altem Baumbestand ist die weite, hügelige Waldlandschaft heute ein beliebtes, aber nie übervölkertes Wander- und Erholungsgebiet. Auch außerhalb der Göhrde stehen weite Bezirke der Samtgemeinde Dahlenburg unter Landschafts- und Naturschutz. Die Gegend wird von der Landwirtschaft geprägt. Spargel gedeiht hier mancherorts vorzüglich. Von der Armut früherer Jahrhunderte zeugt freilich der alte Name „Hungersdorf" für die ehemals zum Gut Horndorf gehörende Wassermühle, die 1908 in „Marienau" umbenannt wurde, als dort ein reformpädagogisches Landerziehungsheim entstand. Auch langgezogene Bodenwellen im Wald zeugen von der Not jener Zeit, als die Felder nur jeweils zwei bis drei Sensenstrich breit waren. Um nichts von der kostbaren Ackerkrume an den Nachbarn zu verlieren, pflügten die Bauern die Erde nach innen zu Hügeln zusammen. Man findet sie in der Nähe des „Göhrde-Schlacht-Denkmals", auf das ein Schild an der Straße zwischen Oldendorf und Göhrde hinweist. Das Denkmal erinnert an das einzige größere Gefecht der Napoleonischen Kriege in Norddeutschland am 16. September 1813. Erstmals wurden damals von den Engländern Brandraketen gegen die französischen Truppen eingesetzt. Etwas weiter im Wald hat man 1984 den breiten Graben gefunden, in dem die gefallenen Franzosen, Engländer, Russen und Deutsche ungeachtet ihrer Nationalität gemeinsam bestattet worden waren. Ein schlichter Feldstein reckt sich dort wie ein mahnender Finger in die Höhe. Überreste jenes blutigen Treffens werden in der Nahrendorfer Gastwirtschaft „Zum Göhrde Tor" gezeigt. Anderes ist im Dahlenburger Heimatmuseum ausgestellt. Den Verlauf der Schlacht illustriert ein großes Zinnfigurendiorama. Eine andere kleine Abteilung des Heimatmuseums ist dem Schuhmacherhandwerk gewidmet. „Schusterburg" wurde Dahlenburg früher scherzhaft genannt. So steht es z. B. auf einem 75 Pfennig-„Notgeldschein" aus der Zeit der Weimarer Republik. 1846 fristeten dreißig Schuhmacher im kleinen Dahlenburg ihr Leben.

In der St. Laurentius-Kapelle an der Lüneburger Straße ist das Dahlenburger Heimatmuseum untergebracht. Sie ist vor 1250 mit dicken Feldsteinmauern erbaut worden und zeugt als einziger Überrest von der 1350 niedergebrannten Dahlenburg. Schon lange ist sie nicht mehr als Gotteshaus genutzt worden. Besucht wird die St. Johannis-Kirche in der Ortsmitte mit dem wundervollen spätgotischen Schnitzaltar. Die Mitteltafel führt gleichsam die Kreuzigung wie ein ungeheuer lebendiges „Marionettenspiel" auf. Sehenswert ist auch die kleine Nahrendorfer Fachwerkkirche mit einem eindrucksvollen gotischen Kruzifix und dem schwebenden barocken Taufengel, der das Wasser in einer großen Muschelschale herbeiträgt. Man vergißt in der bildüberfluteten Gegenwart leicht, wie bilderlos vergangene Zeiten waren und daß für einfache Menschen kunstvolle Bildwerke beinahe ausschließlich in der Kirche zugänglich gewesen sind.

Weniger verhalten geht es gelegentlich in Ellringen zu. Hunderte von perfekt restaurierten, in Farbe und Design vergangener Jahrzehnte prangenden Fahrzeugen lassen sich bei den traditionellen Oldtimertreffen von Tausenden von Besuchern bewundern und fotografieren.

Die St. Laurentius-Kapelle in Dahlenburg beherbergt
das Heimat-Museum.
Ein Zinnfiguren-Diorama informiert über den Verlauf
der „Schlacht an der Göhrde" (1813).
Unten: Spiel in den historischen Uniformen der an
diesem blutigen Gefecht beteiligten Parteien.

Rapsblüte bei Dumstorf.
Seite 97: Die Neetze bei Ellringen im Frühnebel.

Die Tür des Kronshofes in Ellringen.

98

Die Ellringer Wassermühle im Herbst.

Martini-Markt rund um die St. Johannis-Kirche in Dahlenberg;
unten: Martinsgänse in Lemgrabe.
Seite 100: Morgenrot über dem winterlichen Seedorf.

Samtgemeinde Gellersen

Eine der schönsten Strecken für Radausflüge rund um Lüneburg führt von Bardowick auf den Wällen der alten „Landwehr" über Vögelsen und Brockwinkel nach Reppenstedt, dem Sitz der Samtgemeinde Gellersen. Schmale, bewaldete Dämme und tiefe Gräben machten es früher unmöglich, sich mit Pferd und Wagen auf Schmuggelpfaden an Lüneburg vorbeizustehlen, wo nach altem Stapelrecht jeder durchreisende Händler seine Ware anbieten mußte. Durch das frische Buchengrün fällt im Frühling das Sonnenlicht zu allen Tageszeiten auf den Weg. Man schaut hinaus auf Felder und Wiesen. Sonntags radeln Lüneburger Familien am Gut Schnellenberg vorbei zum Waldgasthof Böhmsholz und weiter zwischen den Feldern nach Heiligenthal zur Gaststätte in der alten Wassermühle. Im Herbst geht es in den hügeligen Wald am Dachtmisser Berg zum Pilzesuchen. Und zu Kindergeburtstagen, Grillfeiern und abendlichen Lagerfeuern fährt man hinaus zur Köhlerhütte in Einemhof mit Waldspielplatz und vielen Pfaden für ausgedehnte Schnitzeljagden. Nicht einmal eine Brunnenbohrung für Löschwasser fehlt. An schönen Tagen, wenn das Auto zu Hause bleibt, sind dies sehr beliebte und willkommene Ausflugsziele nicht weit von Lüneburg.

Nicht nur zum Fahrradfahren, sondern auch zum Reiten kommen viele Besucher vor allem nach Westergellersen, dem Nachbarort Luhmühlens. Denn der Parcours der jährlich ausgetragenen internationalen Military-Wettkämpfe führt durch die Westergellersener Heide. Tausende von Zuschauern säumen die Querfeldein-Reitstrecke. Prüfungen werden auch im Vierspänner-Vielseitigkeitsfahren abgenommen. Und mit großem Showprogramm richtete der Pferdezucht- und Reitverein Luhmühlen 1995 auf dem Turniergelände in der Westergellersener Heide das 2. Europäische Friesenpferde-Festival aus. Eigens angelegte Reitwege mit leichten bis mittelschweren Sprungstrecken finden sich vielerorts in der Samtgemeinde Gellersen, zum Beispiel im Mechtsener Wald. Sie stehen Hobbyreitern offen.

Bis 1945 war Reppenstedt mit 220 Einwohnern eine sehr kleine Gemeinde am Rande Lüneburgs. Damals nahm der Ort mehrere Tausend Hamburger Bombenopfer und Ost-Flüchtlinge auf. Später stellte er ihnen Baugrund für eine ausgedehnte Siedlung zur Verfügung. Auch heute wächst das fremdenfreundliche Reppenstedt, das mittlerweile über 5000 Einwohner zählt, weiter. Zu den sehenswerten alten Baudenkmalen der Samtgemeinde Gellersen zählt der Vollhof Nr.1 in Kirchgellersen, der aus der Zeit um 1600 stammt und damit zu den ältesten Bauten des Landkreises gehört. Seine Nachbarn sind nur wenig jünger. Ein hölzerner, inzwischen renovierter und strohgedeckter Treppenspeicher aus der zweiten Hälfte des 17. Jahrhunderts hat sich auch in Westergellersen erhalten.

Radbruch   5 km   Vierhöfen   3 km
Mechtersen   4 km   Garstedt   7 km

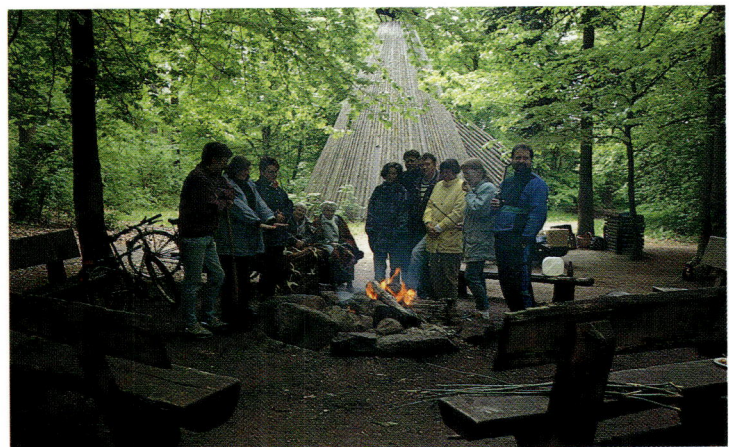

Einemhof liegt mitten im Walde.
Köhlerhütte, Grillplatz und Spielmöglichkeiten laden
zu Familienausflügen ein.
Seite 104, 105: Auf dem Heimweg von einer
Fahrradtour durch die nahen Gellersener Gemeinden:
Abendstimmung über dem Hasenburger Mühlenteich.

Weg durch blühende Felder bei Heiligenthal;
unten: das norddeutsche Reitsportzentrum
Luhmühlen.
Der Military-Parcours führt durch die
Westergellersener Heide.
Seite 106: Die Wassermühle in Heiligenthal.

Samtgemeinde Ilmenau

Eiszeitliche Dünen erheben sich östlich der Ilmenau, die sich von Melbeck bis zum Deutsch-Everner Petersberg in krausen Windungen an einem Steilufer entlangschlängelt. Immer wieder hat man Gelegenheit, über den Fluß, der der Samtgemeinde den Namen gegeben hat, auf die jenseitige Wiesenlandschaft zu blicken. Bewaldete Hügel erstrecken sich über den größten Teil des Gebietes südöstlich von Melbeck, wo für Caravan- und Zelttouristen geräumige Campingplätze liegen. Paddeltouren flußabwärts führen durch eine idyllische Landschaft, wenn man möchte, bis ins Zentrum von Lüneburg.

In entgegengesetzter Richtung zieht es manchen Städter mit dem Fahrrad durch die Melbecker Heide nach Barnstedt, wenn dort an einem Sonntagnachmittag eines der „Barnstedter Kapellenkonzerte" gegeben wird, zu denen die Familie von Estorff mit Freunden vom „Musischen Förderverein" seit 1986 einlädt.

Beliebt sind auch die Dichterlesungen in der kleinen Kirche, in der das Sonnenlicht eine gegen Abend immer wärmer leuchtende Atmosphäre schafft. Seit der umfassenden Renovierung im Jahr 1985 erstrahlt die Barnstedter Gutskapelle in ursprünglicher Schönheit. Erbaut wurde das zierliche Fachwerkgebäude 1593/94. Den hübschen Kanzelaltar ließ 1731 Eleonore de Farcy de Saint Laurent, eine aus Frankreich emigrierte Hugenottin, die Ehefrau des damaligen Gutsherrn, bei einer größeren Umgestaltung einbauen. Damals wurde das ganze Gebäude auf Rollen gesetzt und an den heutigen Standort in die Nähe des Herrenhauses aus dem Jahr 1673 verlagert. Garten und Teich geben der Kapelle eine frische und friedvolle Umgebung. 1988 wurde in der Samtgemeinde Ilmenau wieder eine Kirche sozusagen auf Rollen gesetzt. Die Gemeinde erwarb das älteste, reetgedeckte Zweiständerhaus Deutsch-Everns von 1665, das damals gänzlich zu verfallen drohte. Um es zu retten, wurde es aus dem Hofensemble herausgelöst, umgesetzt und renoviert, wobei es gelang, etwa 90% der noch vorhandenen alten Bausubstanz wiederzuverwenden. Das Innere wurde von Künstlerhand zum Kirchenraum umgestaltet. In früheren Zeiten war Wiederverwendung in viel höherem Maße üblich. Gerettet wurde so die kunstvolle Kassettentür in der Barnstedter Gutskapelle, die aus der 1860 abgerissenen Lüneburger St. Lamberti-Kirche stammt. Die Glocke vom Ausgang des 14. Jahrhunderts im Dachreiter der Kapelle war einst angefertigt worden für die St. Cyriakus-Kirche unterhalb des Lüneburger Kalkbergs. Eine zweite, noch weit ältere Glocke aus diesem schon 1623 abgebrochenen Gotteshaus erklingt heute im freistehenden hölzernen Turm vor der breiten gotischen Backsteinkirche in Embsen. Sie ist wohl schon Ende des 12. Jahrhunderts gegossen worden. Historische Funde und Kuriositäten zeigt die Historische Sammlung im Gasthaus Stumpf in Embsen. Als interessantes Industriedenkmal wartet die innen noch komplett ausgestattete Melbecker Wassermühle am renaturierten Mühlenbach auf eine zukünftige Nutzung und „Wiederverwendung".

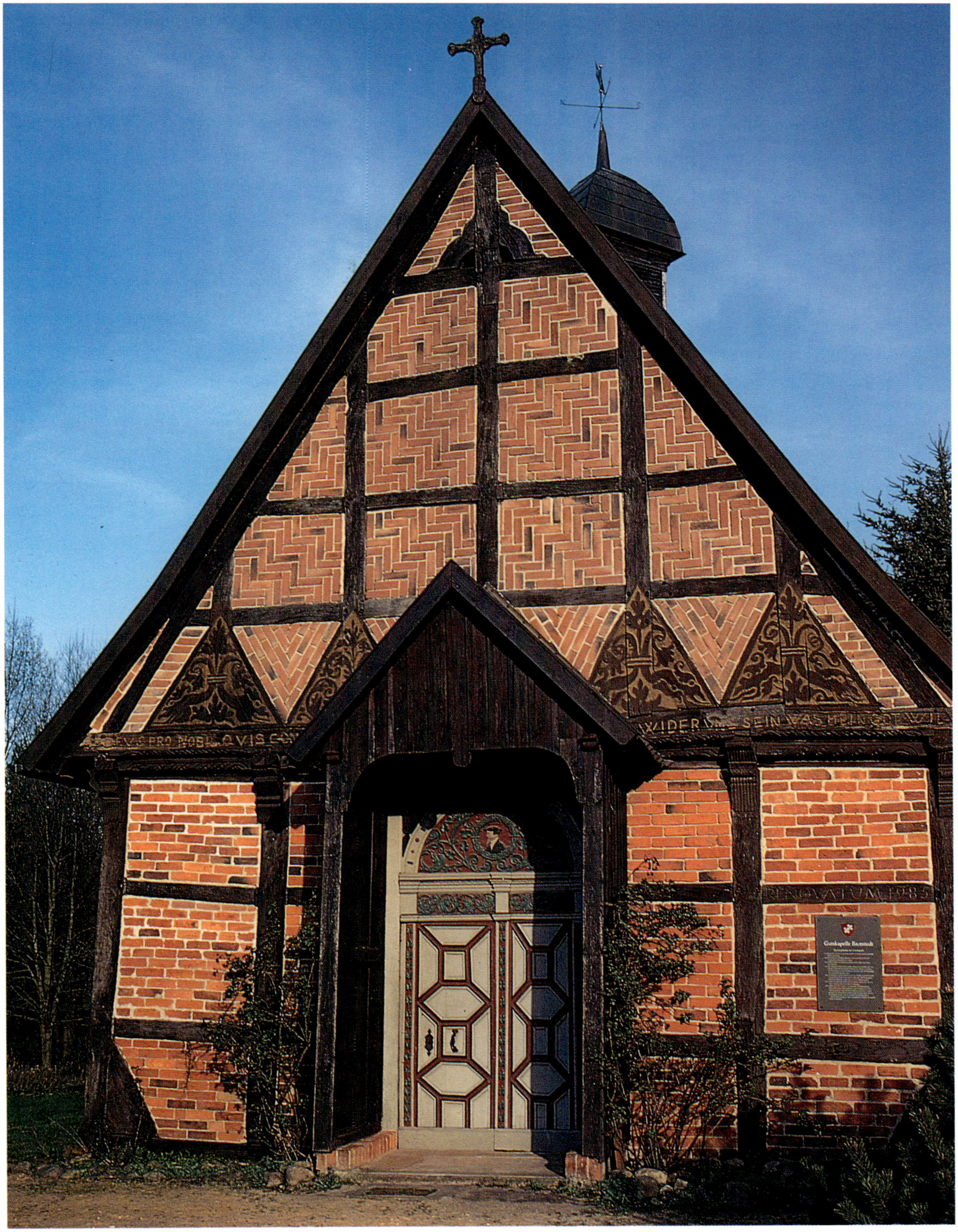
RENOVATUM 1985

Ein Bauernhaus von 1665 wurde versetzt und in eine Kirche verwandelt:
die St. Martinus-Kirche in Deutsch-Evern.
Seite 109: Die zierliche, über 400 Jahre alte Gutskapelle in Barnstedt
verleiht Dichterlesungen und Konzerten einen freundlichen Rahmen.

Die Ilmenau, der Fluß, der der Samtgemeinde ihren Namen gibt, im Frühling.
Seite 112, 113: Im Winter überflutet die Ilmenau die Wiesen und Weiden bei Deutsch-Evern.

Gemeinde Amt Neuhaus

Der 30. Juni 1993 ist ein historisches Datum. An diesem Tag schlossen sich die lüneburgischen Gebiete rechts der Elbe 48 Jahre nach der Teilung wieder Niedersachsen an. Das alte „Amt Neuhaus" ist das erste und einzige Gebiet der ehemaligen DDR, das an ein altes Bundesland rückgegliedert worden ist. Einige Gemeinden hatten im 18. Jahrhundert Niederlassungen über die Elbe hinweg gegründet. Gegenüber von Alt Garge und Alt Wendischthun waren auf dem östlichen Ufer Neu Garge und (Neu) Wendischthun entstanden. Und auf dem westlichen Ufer wurde gegenüber von Darchau das heute viel größere Neu Darchau angelegt. Eine Brücke gab es und gibt es bis heute nicht. Man passiert die Elbe mit einer der Fähren bei Bleckede, Darchau und Hitzacker oder auf dem Umweg über die Brücken bei Lauenburg und Dömitz.

Als schmaler Landstrich an der Elbe dehnt sich das Amt Neuhaus von der Sudemündung im Nordwesten bis nach Wehningen bei Dömitz im Südosten aus. Es ist mit etwa 6000 Einwohnern auf 230 Quadratkilometern nur dünn besiedelt. Ein großer Teil des Amtes Neuhaus lag zu DDR-Zeiten im „Sperrgebiet". Ganze Dörfer wurden durch Aussiedlung entvölkert und anschließend eingeebnet. Die Natur blieb sich selbst überlassen. Werner Hüls, ein Kenner des alten Amtes Neuhaus, beschreibt die heutige Situation mit folgenden Worten: „Die Besucher finden im Amte Neuhaus eine recht reizvolle norddeutsche Landschaft vor: ausgedehnte Kiefern- und Laubwälder, Wiesen und Moore, viel Wasser, die Elbe, Haken und Bracks im Deichvorland, die Flußläufe und Auen von Krainke, Rögenitz und Sude, Teiche und kleine Seen. Seltene Pflanzen und Tiere haben hier ihren Lebensraum, der Weißstorch, der Große Brachvogel, der Kranich, der Rote und der Schwarze Milan, Amphibienarten usw. Viele Bemühungen gibt es, die Landschaft und ihre Natur zu erhalten und zu pflegen. Eine Reihe von Naturschutzgebieten wurde bereits ausgewiesen, sie gehören zum geplanten Naturpark Elbetal."

Die Naturparkverwaltung Elbtalaue hat ihren Sitz in Tripkau und organisiert für Interessenten Naturführungen. An Ort und Stelle wird eine informative Austellung über die Natur- und Pflanzenwelt dieser einzigartigen Flußauenlandschaft gezeigt.

Einmalig in Deutschland ist auch das ungestört erhaltene Gebäudeensemble des Marschhufendorfs Konau aus dem 19. Jahrhundert, das mit großem Aufwand vor dem Verfall gerettet werden soll. Vorgesehen ist ein lebendiges Freilichtmuseum aus zwei Gehöften im Herzen des Ortes. Auch die Nachbarorte Popelau und Darchau sollen in ursprünglicher Gestalt wiederhergestellt werden – eine Attraktion für Besucher von nah und fern könnte entstehen.

Obstbaumreihen verwandeln die Landstraßen des Amtes Neuhaus im Frühling in herrlich blühende Alleen. Und auch im locker bebauten Neuhaus selbst erfreuen den Besucher bunte Bauerngärten. Im Winter aber versammeln sich auf den Feldern und Wiesen an der Elbe mancherorts Zehntausende von Wildgänsen und Schwänen. Naturverbundene Radwanderer lädt auch die Wanderdüne Stixe zu einem kurzen Abstecher ein: eine Düne im Binnenland aus Sand, der nach der letzten Eiszeit von 10 000 Jahren vom Wind an der Elbe zusammengefegt worden ist. Auf diesem nährstoffarmen Untergrund gedeihen auch heute nur anspruchslose Gräser, Heide und verkrüppelte Kiefern, von denen die Düne einige bis an die Wipfel begraben hat. Stark kontrastiert das dunkle Grün mit dem fast weißen Dünensand. Auch der Blick in die Elbniederung ist sehr reizvoll. Das Amt Neuhaus bietet eine Vielzahl kleiner Wanderziele. Besonders ziehen die alten Dorfkirchen an der Bundesstraße 195 das Augenmerk auf sich. In Stapel steht mit ihrem wuchtigen Turm die älteste von ihnen. 1291 wurde sie zum ersten Mal genannt. Zierlich nimmt sich dagegen die Fachwerkkirche von Kaarßen aus. Die kunstvollste aber steht in Tripkau: Zimmerleute haben die Gefache reizvoll aufeinandergesetzt und eingeteilt, Maurer sie mit verschiedenen Ziegelverbänden abwechslungsreich ausgefüllt. Interessant wirken Turm, Dach und Dachreiter aus dem 19. Jahrhundert.

Von der einstigen Wasserburg in Neuhaus ist das
Pforthaus erhalten geblieben.
Unten: Frau Ilse Brüggemann zeigt ein Bild ihres
Hofes in Konau, dem einzigen vollständig erhaltenen
Marschhufendorf.

Eine der hübschen Fachwerkkirchen im alten Amt Neuhaus, die Kirche in Tripkau.

*Die naturgeschützte Elbtalaue ist Rastplatz für
Zehntausende von Zugvögeln.*

Eine herrliche Apfelallee bei Wehningen im Süden des Amtes Neuhaus.

Reisen wie im Biedermeier.
Von Lüneburg führen Postkutschenfahrten durch das Amt Neuhaus
nach Mecklenburg.

Samtgemeinde Ostheide

In Barendorfs Ortsmitte zieht ein weitläufiges Anwesen den Blick auf sich: ein Torhäuschen, hohe Bäume, ein Rondell mit großen Rhododendren, im Hintergrund ein stattliches, gelb gestrichenes Gutshaus sowie Nebengebäude. Das ist die Straßenansicht der Heimvolkshochschule Barendorf, in der man, angenehm untergebracht, mehrtägige Seminare wahrnehmen kann. Sogar eine moderne Bundeskegelbahn ist vorhanden. Seit der Park hinter dem Herrenhaus für Besucher geöffnet ist, kann man auch ein sehr seltenes Naturwunder bestaunen: eine hohe alte Buche ließ ihre Äste zur Erde wachsen und eine natürliche Laube entstehen. Wo die Zweige den Boden erreichten, schlugen sie Wurzeln, und neue, inzwischen hohe Bäume strebten empor.

Ganz unterschiedliche Attraktionen finden sich über die Samtgemeinde Ostheide verstreut. Der Timelo-Berg bei Wendisch-Evern ist am 4. Mai 1945 zu einem wahrhaft historischen Ort geworden. Der britische Generalfeldmarschall Bernard Law Montgomery hatte ihn zum „Victory Hill" erkoren. Hier endete mit der Unterzeichnung der Teilkapitulation der Krieg für Nordwestdeutschland, Dänemark und Holland. An einem Weg in der Nähe des historischen Ortes wurde genau 50 Jahre später ein gewaltiger granitener Findling enthüllt, der die Inschrift trägt: „Kapitulation auf dem Timelo-Berg / 1945 – 4. Mai – 1995 / Nie wieder Krieg".

Von Stein ist auch das Naturdenkmal in einer ehemaligen Kiesgrube nahe bei dem alten Schwimmbad in Holzen: bizarre Felsen aus Kalksandstein, gewachsen während der zweiten Eiszeit vor etwa 200 000 Jahren. Aus Kies und Kalk entstand ein seltener „Naturbeton".

Im Nachbarort Reinstorf ist die „Sensation" kulinarischer Art. Kenner loben die exzellente Küche des Restaurants „Vitus" in der modernen Hotelanlage „Hof Reinstorf". Auf 15 Hektar produziert der Hof Strampe in Neetze den wohlschmeckenden Spargel, für den er weithin bekannt ist.

In Gifkendorf hat sich vor vielen Jahren der Merlin-Verlag niedergelassen, der für die kunstvolle Gestaltung seiner Bücher mehrfach ausgezeichnet worden ist. Horst Janssen, die Rixdorfer Graphiker und Janosch, der nicht nur hübsche Kinderbücher geschaffen hat, zählen zur Schar der illustren Bildautoren und Freunde des Verlags.

In vielen Orten der Samtgemeinde Ostheide, in Neetze, Reinstorf, Wendhausen, Barendorf und Vastorf stehen sehenswerte Dorfkirchen. Besonders romantisch wirkt das Gotteshaus in Thomasburg, das 1644 aus Feldsteinen auf dem alten Burghügel erbaut worden ist. Reizvoll ist auch eine Wanderung durch das Mausebachtal.

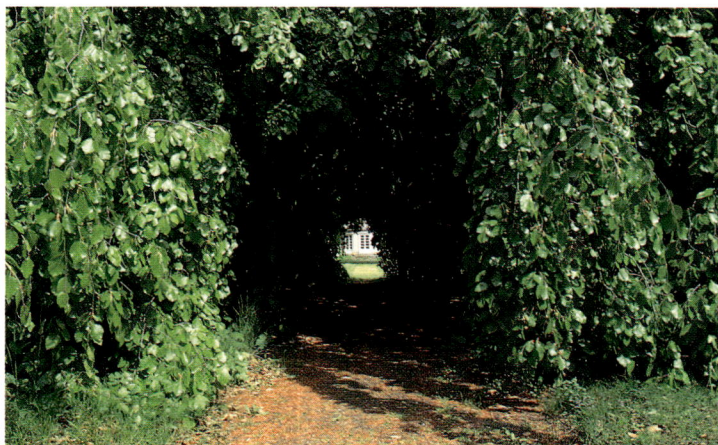

Auf einem ehemaligen Herrensitz residiert die
Heimvolkshochschule Barendorf.
Die Teilnehmer an den mehrtägigen Seminaren
sind in entspannter Atmosphäre untergebracht.
Unten: Blick durch die interessante Buche im Park
hinter der Heimvolkshochschule.
Seite 121: Turm der Kirche in Neetze.
Seite 123: Die hübsche Zehntscheune in Sülbeck.

Gott das Haus beschirmen und Segen uns

In Gardincge curia Todemo
ommibus agris, qui

Abendstimmung bei Barendorf.
Unten: Rosen vor der alten Schule in Thomasburg.
Seite 124, 125: Der herrliche Herbstwald bei
Barendorf lädt zum Spazierengehen ein.
Seite 127: Das Hotel Hof Reinstorf bietet seinen Gästen
eine ausgezeichnete Küche.

Samtgemeinde Scharnebeck

Ein „Jahrhundertbauwerk" nennt man den Elbeseitenkanal, der die Elbe über Berg und Tal mit dem Mittellandkanal verbindet. Er ist 115 Kilometer lang, 53 Meter breit, zwischen 4,15 Meter und 4,65 Meter tief und faßt 20 Millionen Kubikmeter Wasser. Nach neun Jahren Planung und acht Jahren Bauzeit ist er am 15. Juni 1976 eröffnet worden. 63 Millionen Kubikmeter Erde waren ausgehoben oder zu Deichen aufgeworfen worden. Eine Vielzahl von technischen Problemen war schon im ersten, nördlichen Abschnitt, der das Gebiet der Samtgemeinde Scharnebeck durchschneidet, auf die rationellste Art zu lösen: In Artlenburg an der Elbe sichert zum Beispiel ein gewaltiges Sperrtor am Eingang gegen Hochwasser; ein Sicherheitstor verschließt den Kanal gegebenenfalls bei Erbstorf; ein über 100 Meter langer Dücker verbindet unter der Wasserstraße die durchtrennte Neetze; bei Echem arbeitet ein Schöpfwerk; bei Erbstorf führen Straße und Schienen unter dem Kanal hindurch, um nur einige der technischen Sensationen zu nennen. Die größte Attraktion aber geht vom Scharnebecker Schiffshebewerk aus. Es heißt, daß jährlich eine halbe Million Besucher kommen, um dieses Bauwerk zu bestaunen. Riesige Lastkähne fahren in eine der beiden 100 Meter langen und 12 Meter breiten Kammern des Schiffshebewerks. Das Einlaßtor schließt sich, und die Fahrstuhlfahrt im 5700 Tonnen schweren Wassertrog beginnt. 38 Meter geht es aufwärts oder abwärts. Nach einer Viertelstunde setzt man im Unter- oder Oberwasser die Reise fort. Mit dem Sportboot oder an Bord der regelmäßig verkehrenden Ausflugsschiffe kann man die Fahrt durchs Schiffshebewerk vom Wasser aus erleben. Beliebt sind auch Radfahrten auf den Kanaldeichen, die einen herrlichen Blick ins Land gewähren und ohne Steigungen verlaufen. So kann man nördlich von Echem vom Damm herab ideal die Vogelwelt auf dem Fehlingsblecksee betrachten. Er steht unter Naturschutz und darf nicht besucht werden, obwohl er erst während des Kanalbaus als Baggersee künstlich geschaffen worden ist. Flachwasser- und Verlandungszonen und ökologisch abgestimmte Bepflanzung haben ihn sozusagen zu Natur von Menschenhand werden lassen. Vom Aussichtsturm lassen sich mit dem Fernglas Fischreiher und andere Wasservögel beobachten. Ein anderer Baggersee, der Inselsee in der Nähe des Schiffshebewerks, ist zu einem der beliebtesten Badeseen im Landkreis Lüneburg geworden. Auch er hat eine „Flachwasserzone" für die kleinsten Badegäste. Bei Brietlingen bildet die Neetze als eines der saubersten Fließgewässer der Heide einen langgezogenen Badesee, den Reihersee, an dessen Ufer ein großer und gern besuchter Campingplatz liegt. Auch auf Reitgäste ist man in Brietlingen eingestellt. Lüdersburg, der uralte Sitz der Familie von Spörcken mit einem stattlichen barocken Herrenhaus und einem Ensemble hübscher Bedienstetenhäuser, hat dagegen in reizvoller Landschaft eine 18-Loch-Golfanlage zu bieten, die schon manchen Prominenten angezogen hat.

Nur wenige Zeugen der reichen Geschichte Scharnebecks haben die Zeiten überdauert. 1253 hatten Zisterziensermönche hier ein Kloster gegründet. In der 1723 nach dem Abriß des baufälligen Vorgängerbaus errichteten Marienkirche ist noch heute ein wundervolles, zierlich und luftig geschnitztes Chorgestühl bewahrt, das zwischen 1370 und 1380 entstanden sein soll. Der nahe Domänenhof mit dem Amtshaus von 1705 und dem langgestreckten Fachwerkspeicher von 1510 dient der Kreisvolkshochschule für Seminare, Vorträge, Ausstellungen, Konzerte und vieles mehr. Die uralte Klostereiche Scharnebecks ist vor kurzem zerborsten. Vor der Kirche in Hittbergen aber breitet ein imposanter, viele hundert Jahre alter Artgenosse über dem kurzen Stamm seine von Wind und Wetter gebogenen Arme in alle Himmelsrichtungen. Holländer-Windmühlen in Hittbergen und Artlenburg, Storchennester in Echem, die prachtvoll ausgestattete Barockkirche in Lüdersburg, die idyllische Ansicht von Lüdershausen an der Neetze, der kuriose große ehemalige Bahnhof von Hohnstorf aus den Jahren 1862/63 und viele reetgedeckte Bauernhöfe laden zu Ausflügen in das Scharnebecker Umland ein.

Der Elbeseitenkanal verbindet die Elbe mit dem Mittellandkanal.
Unten: Echem ist als „Storchendorf" bekannt.
Seite 129: Ein technisches Wunderwerk:
das Schiffshebewerk Scharnebeck.

Der restaurierte Domänenhof in Scharnebeck mit dem Fachwerkspeicher von 1510.

Sport in der Samtgemeinde Scharnebeck:
von nah und fern reisen Gäste nach Schloß Lüdersburg
mit seiner reizvollen Golfanlage.
Unten: Reiterabzeichenprüfung beim
Reit- und Fahrverein Echem / Scharnebeck.
Seite 132: Die Kirche in Artlenburg an der Elbe
im Frühling.

133

Literaturauswahl

Ravens, Jürgen Peter: Vom Bardengau zum Landkreis Lüneburg, zweite durchgesehene und erweiterte Auflage, Lüneburg 1985

Pleß, Helmut C.: Landkreis Lüneburg, München (Kunstverlag Josef Bühn) 1985

Der Landkreis Lüneburg, zweite, völlig neue Ausgabe, hrsg. in Zusammenarbeit mit der Kreisverwaltung, Redaktion: Henry Makowski, Michael Wieske, Oldenburg (Verlag Kommunikation und Wirtschaft GmbH) 1992

Denkmaltopographie Bundesrepublik Deutschland, Baudenkmale in Niedersachsen. 22.2, Landkreis Lüneburg, bearbeitet von Gerd Weiß, Braunschweig/Wiesbaden (Friedr. Vieweg & Sohn) 1981

Prien, Irmtraut, Preuß, Werner: Göhrde und Wendland, links und rechts der Elbe; von Winsen bis Salzwedel, Hamburg (Christians) 1990

Spurensuche, Heimatbuch für den Landkreis Lüneburg, hrsg. vom Landkreis Lüneburg, Hamburg (Christians) 1990

Fundstücke, Zweites Heimatbuch für den Landkreis Lüneburg, hrsg. vom Landkreis Lüneburg, Lüneburg (Landkreis) 1993

Hessing, Erich: Die Kirchen im Landkreis Lüneburg, München/Zürich (Verlag Schnell & Steiner) 1987

Schneider, Ludwig: Orts- und Gewässernamen im Landkreis Lüneburg, hrsg. vom Landkreis Lüneburg, Lüneburg (Landkreis) 1988

Amelung, Ulf: „Rund um Lüneburg", Kleiner Wanderführer und landeskundlicher Exkursionsführer für den Landkreis Lüneburg, Lüneburg (Landkreis) 1986

Hessing, Erich: Denkmäler, Menschen und Geschichte im Landkreis Lüneburg, hrsg. vom Landkreis Lüneburg, Lüneburg (Landkreis) 1981

Chronik der Städte und Gemeinden des Landkreises Lüneburg, Schriftenreihe der Sparkasse Lüneburg

Nachweis der Abbildungen im Text

„Warhaftige und eigentliche Abcontrafactur der löblichn Stadt Lüneburg", Kupferstich von Daniel Freese, 1611: Museum für das Fürstentum Lüneburg

„Marktplatz in Lüneburg 1762", Zeichnung aus: Ludwig Albrecht Gebhardi, Auszüge und Abschriften von Urkunden und Handschriften welche vornehmlich das Herzogthum Lüneburg betreffen. Zweiter Theil. 1763, nach fol. 189. Original: Landesbibliothek Hannover. Fotoplatte: Museum für das Fürstentum Lüneburg

Lüneburg, Am Sande, Illustration zu: Von dem Machandelboom, von Otto Ubbelohde, 1907, aus: Kinder- und Hausmärchen, gesammelt durch die Brüder Grimm, mit Zeichnungen von Otto Ubbelohde und einem Vorwort von Ingeborg Weber-Kellermann, Erster Teil, 13.–22. Tausend, Frankfurt/M. (Insel-Verlag) 1975, S. 273

Lüneburg, Die Abtswasserkunst, Zeichnung von Anthonie Waterloo, um 1660, aus: Lotte und Wolf Stubbe, Um 1660 auf Reisen gezeichnet, Anthonie Waterloo, 1610–1690, Ansichten aus Hamburg, Altona, Blankenese, Holstein, Bergedorf, Lüneburg und Danzig-Oliva, Hamburg (Christians Verlag) 1983, S. 141

Lüneburg, Neue Straße, Lithographie von Hugo Friedrich Hartmann, 1909: Privatbesitz

„Lüneburg, Am Sande", Holzschnitt von Lyonel Feininger, 1924. Original: Museum für das Fürstentum Lüneburg. Druck: Sabine Dylla, Lionel Feininger, Begegnung und Erinnerung, Lüneburger Motive 1921–1954, Kulturforum Lüneburg e. V. Gut Wienebüttel 1991, S. 35

Inhalt

Vorwort 5

Stadt Lüneburg 6

Einheitsgemeinde Adendorf 62

Samtgemeinde Amelinghausen 68

Samtgemeinde Bardowick 75

Stadt Bleckede 83

Samtgemeinde Dahlenburg 94

Samtgemeinde Gellersen 102

Samtgemeinde Ilmenau 108

Gemeinde Amt Neuhaus 114

Samtgemeinde Ostheide 120

Samtgemeinde Scharnebeck 128

Literaturauswahl 134

Nachweis der Abbildungen im Text 134

Elbe

Artlenburg

Hohnstorf

Handorf

Echem

Hittbergen

St. Dionys

Brietlingen

Lüdersb

**Samtgemeinde
Scharnebeck**

**Samtgemeinde
Bardowick**

**Gemeinde
Adendorf**

Scharnebeck

Bardowick

Adendorf

Erbstorf

**Stadt
Lüneburg**

●**Lüneburg**

Wendhause

**Samtgemeinde
Gellersen**

Reppenstedt

Reinstorf

Barendorf

Westergellersen

**Samtg
Osthei**

Kirchgellersen

Heiligenthal

Wendisch Evern

Südergellersen

Vastorf

Deutsch Evern

Gifkendorf

Raven

Embsen

Melbeck

Elbe-Seiten-Kanal

**Samtgemeinde
Ilmenau**

Amelinghausen

**Samtgemeinde
Amelinghausen**